골프, 멘탈로 승부한다

불안, 신경과학, 루틴

유충경 지음

프롤로그

 2016년 『강한 멘탈 흔들리지 않는 골프-연습장 훈련편』을 출판하며, 후속편 '필드 실전편'을 2017년에 출간할 계획이었다. 그런데 그 후로 2년이 더 지난 지금에서야 그때의 약속을 지키게 되었다.

 그간 현장에서 선수 훈련과 학생 지도, 교육 강연을 하며 많은 것을 깨달았다. 경기력을 설명하기 위해서는 인간과 환경, 본능과 학습, 행동과 인지에 대한 지식적 기반이 정립되어야 설명이 가능하다는 것이다. 인간의 행동을 분석하고 설명하기 위해서는 다양한 관점과 범위에 대해 깊은 생각을 했다.

 골프의 전설 잭 니클라우스는 "승패를 좌우하는 것은 기술력이 20%, 정신력이 80%"라고 했다. 정신력은 골프에서뿐만 아니라 모든 스포츠에서 중요한 핵심 요소라는 명제 하에 이 분야의 명확하고 확실한 해법을 찾기 위해 고군분투했다.

 이러한 노력은 인간 본질에 대한 끊임없는 질문으로 나를 자극했다. 더 많은 분야와 더 넓은 학문의 이해와 견해를 갈망했다. 세계적인 논문, 과학적인 이론, 관련 서적, 강연을 망라하고 탐색과 인지, 응용과 확장으로 미흡한 부분을 채우려 노력했다. 심리학으로 시작하여 인간 본연의 질문과 해답을 얻기 위해 더욱 전문적이고 세분화

된 접근이 필요했다. 정서, 신경과학, 진화, 행동 심리 등 구체적인 분야에 관심을 갖고 인간의 다양한 영역에 대해 연구하고 현장에 적용해보았다.

나는 지금까지 선수로서, 지도자로서, 심리학자로서의 더 넓고 깊은 학문의 세계에 접근하며 통섭할 용기가 생겼다. 부족하고 모자란 것은 보충하고 확장해 나가는 것은 즐거움이었다.

그간 골프 멘탈은 학문적 위치나 적용 방법 등의 견해를 뒷받침하는 과학적 배경과 근거자료가 부족한 것이 사실이다. 이 책의 출간은 이런 선입견을 타파하는 데 중점을 두고 있으며 더욱 명확한 과학적 근거를 제공함으로써 보다 확고한 신뢰성과 타당성을 확립하고자 한다. 인간의 정서와 느낌에 대한 이해, 두개골 속 뇌 기능과 역할, 운동의 발현과 인지과정 등 다양한 견해는 접하면 접할수록 흥미로운 세계이다.

현재 골프 멘탈의 위치는 경기력, 감정, 에너지 등 좋지 못한 상황에서 찾는 경우가 많다. 즉, 경기력 저하, 슬럼프, 입스(yips) 현상 등과 같이 기술적·정서적 문제가 있을 때야 비로소 관심을 가져왔다. 하지만 긍정적인 상황에서의 접근은 보다 많은 시너지 효과를 낼 수 있다. 강한 정신력, 높은 집중력, 향상된 자신감 등은 심리 요인에 긍정적인 영향을 주어 경기력을 높이는 데 효과적이다. 또한 이런 선순환적 작용은 골프의 즐거움을 배가시킨다.

이 책의 목적은 골프 멘탈의 과학적 근거와 현장 적용상을 제시함으로써 선수나 일반 아마추어 골퍼에게 신뢰와 접근성 향상을 제공하여 인식을 전환하는 데 있다. 이전 골프 멘탈의 발달은 경기력 향상과 스포츠 상황에서 인간의 움직임을 이해하기 위한 학문적 위치를 견지하고 있지만 그 토대가 행동과 과학으로 나뉘어져 멘탈이나 스포츠 심리학을 공부하는 학생에게 외방향적이고 일방적인 내용만 제공했다. 골프의 인간 행동 기전은 운동제어, 운동학습, 운동발달, 스포츠심리 영역에서 다루어져야 하지만 학문 간의 견해와 영역 간 차이로 통섭적이고 종합적인 정보를 제공하는 것은 한계가 있었다. 이에 따른 현장 중심적인 대처방법에서 그 실효성에 문제가 제기되었다. 이런 환경적 태동에 기인하여 현장에서 필요한 과학적이고 실질적으로 적용하기에는 무리가 있다. 스포츠 심리 전문가 역시 인간 행동에 대한 이해에 제한되어 외방향적인 접근과 경기력 향상에 필요한 훈련 규명과 제시에 의구심을 자인했다.

이제는 과학적 입증과 현장 접근성을 높여 신뢰도와 적용성을 보완하는 이론과 거시적 대처가 필요하다. 이것이 골프 멘탈의 비전이며 효율적인 훈련 프로그램으로 정착할 수 있는 근거이다. 그래서 이번 책의 제목을 『강한 멘탈 흔들리지 않는 골프-필드 실전편』이 아닌 『골프, 멘탈로 승부한다-불안, 신경과학, 루틴』으로 설정하였다. 인간 행동과 경기력에 밀접한 영향을 주는 주제로 깊이 있게 다루고자 불안, 신경과학, 루틴으로 제한하였다.

과학이 발달함에 따라 골프 경기력은 급격히 향상되었다. 1987년 당시 래리 넬슨이 4라운드 동안 -1로 우승했지만 2019년의 로리 맥길로이는 -22로 우승했다. 이러한 경기력 향상은 장비, 신체 훈련법, 교습법, 스윙 이론 등 다양한 분야에서 동시 다발적인 발전이 이루어져서 가능한 것이다. 그 중 가장 발전이 더딘 분야이면서 향후 가장 주목해야 할 분야가 바로 멘탈의 영역이다.

이 책이 골프 멘탈을 보다 자세하고 세밀하게 들여다보는 계기가 되었으면 한다. 이를 토대로 운동 제어, 긍정 정서, 에너지 관리 등 다양한 분야로도 연계되어 더 좋은 가설과 아이디어, 학술적 탐구심을 자극하길 바란다.

시합(라운드)에서 발생하는 불안과 입스, 집중의 인지적 기반과 집중 방해 원인, 이상적인 몸 상태와 준비 과정, 자신감을 이끌어 내는 훈련 등의 과학적이고 현장 검증된 방법을 많은 골퍼들이 쉽게 이해하고 쉽게 적용할 수 있기를 바란다. 심리학자와 멘탈 전문가, 스포츠 심리상담사를 꿈꾸는 사람들이라면 이 책에서 제공하는 학술적 기반과 현장 검증이 도움이 되기를 바란다.

이 책이 나올 수 있도록 많은 분들의 응원이 있었다. 특히 책을 집필하는 동안 전폭적인 지지와 믿음으로 무한한 동력을 제공해준 사랑하는 아내 강주현 씨와 아빠를 세상 어느 누구보다 훌륭하고 자랑스럽게 생각해 주는 이쁜 딸 채연이에게 고마움과 사랑을 전한다. 또한 언제나 자신의 모든 것을 내어주시는 어머니와 오랜 시간 같은 환경에서 성장하며 고민을 나누고 말벗이 되어주는 형에게 감사함과 사랑을 보낸다.

미지의 골프 멘탈 영역이지만 행복한 골프와 삶에 긍정의 에너지를 끌어올리는 일에 조금이나마 도움이 되길 바라며 좋은 책으로 나올 수 있게 도와주신 미디어바탕의 곽혜란 대표님과 이 책의 출간을 기다려주고 용기를 주신 독자님들께 감사함을 전한다.

2019년 8월 유충경

Chapter 1
행동을 조절하는 정서(Emotion)

Chapter 1 행동을 조절하는 정서(Emotion)   16

1   골프에서 정서는 무엇인가?   18
2   정서의 대표 감정, 불안   22
3   불안은 어디에서 오는가?   26
4   뇌 구조와 불안   29
5   상황에 따라 사용하는 뇌 부위는 달라진다   35
6   불안에서 살아남기 : 방어반응   40
7   나도 모르게 발생하는 생존 도우미 : 기억과 조건형성   45

Chapter 2
살아남기 위한 입스(Yips)

Chapter 2 살아남기 위한 입스(Yips)	54
1　입스(Yips), 불안의 자동적 반응	56
2　두려움 정도에 따라 달라지는 반응	61
3　희망의 회상(recall) 작업, 기준을 만들자	64
4　언제나 되살아날 수 있는 입스	70
5　초보자에게는 잘 발생되지 않는 입스	74
6　어떤 기억이 불안을 만드는가?	78
7　일단 얼어붙어 보고, 생각하자	83
8　부정적 기억을 넘어 트라우마 형성	89

Chapter 3
성공으로 이끄는 자신감

Chapter 3 성공으로 이끄는 자신감　　　　　　　　　　**96**

1　자신감은 어디에서 오는가?　　　　　　　　　　　　　**98**
2　어프로치의 자신감은 잔디에 있다　　　　　　　　　　**104**
3　심상으로 만드는 골프 커리어　　　　　　　　　　　　**107**
4　자신은 변화할 수 있다는 것에 대한 믿음　　　　　　　**111**
　 = 뇌 변화의 믿음
5　불안의 생각을 자신감으로　　　　　　　　　　　　　**114**
6　학습된 무기력 vs 학습된 낙관주의　　　　　　　　　**119**

Chapter 4
인지과정 속 골프

Chapter 4 인지과정 속 골프		**124**

1 '분석 마비' 정리되지 않은 생각은 굿샷의 방해물　　126

2 에너지 효율을 높이는 '주의집중 전략'　　129

3 샷(Shot), 무에서 유로 만드는 과정　　133

4 샷으로 들어가는 과정은 언제나 꼬이기 쉽다　　137

5 최상의 신체와 마음을 만드는 방법 = 루틴(Routine)　　140

6 자신의 공간 안에서 플레이해야 하는 골프
    = 프리 샷 루틴(Pre-shot Routine)　　146

7 샷 이후에도 진행하는 루틴이 있다
    포스트 샷 루틴(Post-shot Routine)　　153

Chapter 5
샷으로 들어가는 과정

Chapter 5 샷으로 들어가는 과정		**164**
1	정보처리 이론의 집합체 '인지구조 3단계'	**166**
2	인지적 절차의 총정리 : 1단계, 생각 영역(Thinking zone)	**173**
3	확인해야 하는 목록 만들기 '체크리스트'	**181**
4	내 몸과 마음에 집중하기 : 2단계, 이완 영역(Relax zone)	**194**
5	인지·신체 준비 끝, 주의집중만 남았다 : 3단계, 몰입 영역(Flow zone)	**210**

Chapter 6
일상의 멘탈 훈련

Chapter 6 일상의 멘탈 훈련		**216**
1	실수는 누구나 한다. 너무 책망하지 말자	218
2	자신이 이뤄낼 수 있을 정도의 목표를 설정하자	221
3	소리를 내고 소리를 듣는 자화(Self-Talk)의 효과	226
4	내 자신에게 집중하고 '지금, 현재'에 머물게 하는 훈련 '명상(Meditation)'	229
5	긴장 상태의 보편적 이완방법-호흡법	235
6	감정 알아차림	242
7	점진적 근육 긴장-이완 기법	246
8	멘탈 라운딩(Mental Rounding)	250

※ 알아두기

정서는 여러 해석이 있지만 이 책에서는 특정 사건에 대한 반응으로서 일어나는 일시적 경험에 국한시키고자 한다. 기분, 감정, 정서를 같은 개념으로 보겠다.

또한 정서에 관한 실험은 인간을 대상으로 진행함에 있어 제약과 윤리적 문제로 동물 실험 결과로 자료화 하였고 이는 학술계의 전반적인 이해와 해석이다.

내용 특성상 두려움, 공포, 불안을 나누기는 하였으나 같은 개념으로 해석한 내용도 포함되어 있고 공포의 정서에서 발생되는 신경생리학적 반응을 두려움 반응, 공포 반응, 스트레스 반응으로 통칭하여 사용하였다.

국립국어원 표준국어대사전 표기법을 따랐으나, 골프계에서 일반적으로 사용하는 용어나 표현은 그대로 두었다.

실험과 논문, 단행본 등의 참고문헌이나 자료의 근거는 최대한 성실하게 명시하려고 노력했다.

골프, 멘탈로 승부한다

불안, 신경과학, 루틴

유충경 지음

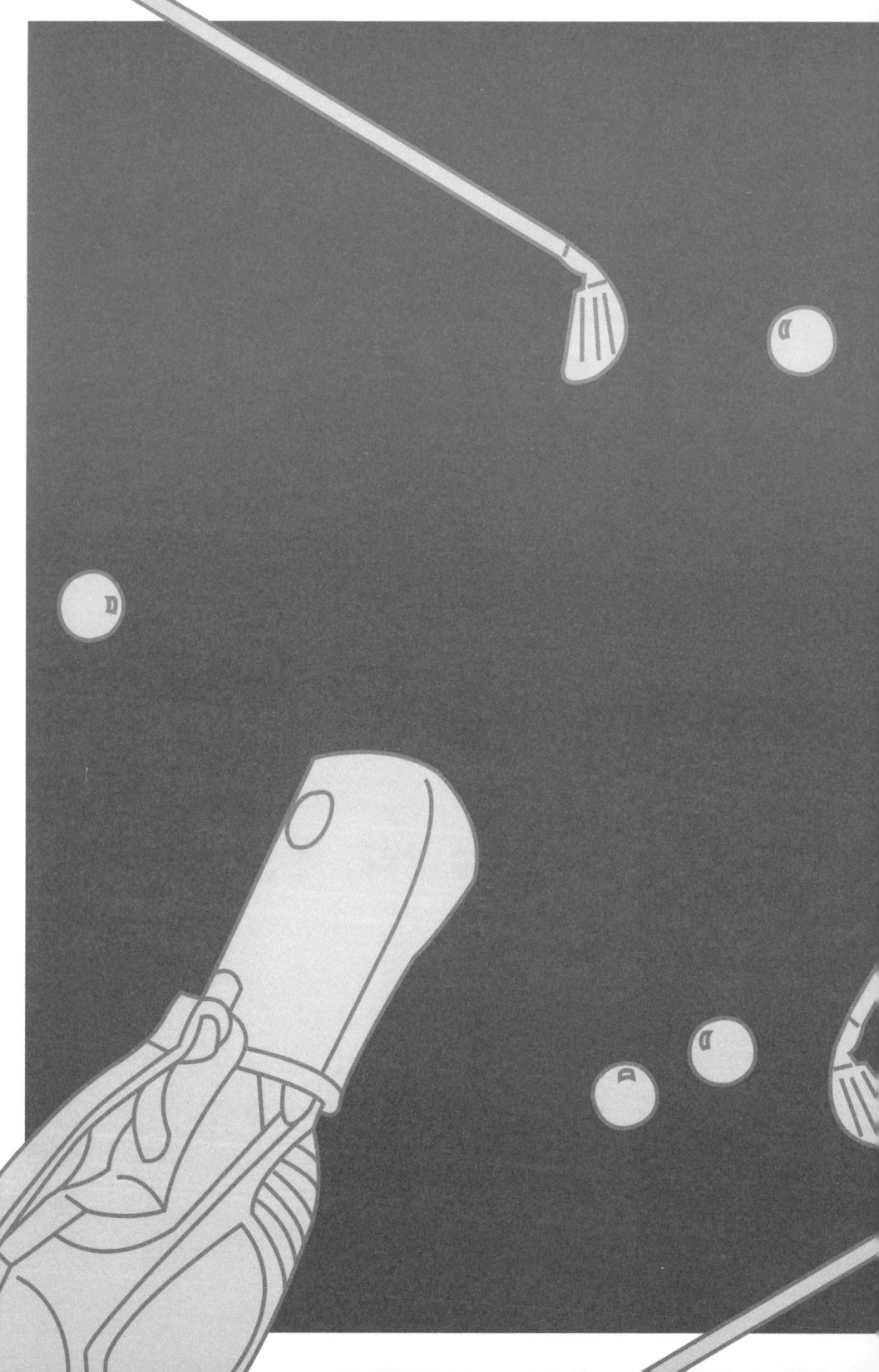

Chapter 1

행동을 조절하는 정서(Emotion)

1. 골프에서 정서는 무엇인가?

2. 정서의 대표 감정, 불안

3. 불안은 어디에서 오는가?

4. 뇌 구조와 불안

5. 상황에 따라 사용하는 뇌 부위는 달라진다

6. 불안에서 살아남기 : 방어반응

7. 나도 모르게 발생하는 생존 도우미 : 기억과 조건형성

Chapter 1.
행동을 조절하는 정서(Emotion)

　우리는 누구를 만나면 '안녕하세요.', '오늘 기분 어떠세요?'라는 안부와 인사를 전한다. 만나지 못하고 근황을 알 수 없는 동안 어떻게 지냈는지 안녕을 묻는 것이다. 이 모든 것은 상대방의 그간에 대한 기분이나 감정, 느낌을 묻는 것으로 관계와 안위를 확인한다.

　정서(Emotion)는 인간이나 동물이 느끼는 주관적인 감정이다. 정서는 삶 속에서 핵심적인 영역으로 사고에 많은 영향을 준다.[1] 이 정서에 따라 호르몬이 변화하고 감정이 달라지며 행동의 변화를 초래한다. 그리고 즐거움이나 불안을 통해 행복과 불행을 느끼며 삶의 질에도 직접적인 영향을 준다. 그래서 많은 학자들이 이 정서에 관심을 갖는다.

　아리스토텔레스(Aristotle)나 부처(Buddha)를 포함한 많은 철학자들은 정서적 행동이 혼란을 가져오거나 위험하다고 생각했다. 극심한 공포를 느끼면 숨이 막히고, 몸이 마음대로 움직이지 않는 것 등

---

[1] LeDoux (1998).

이 여러 가지 문제를 만든다고 생각했다. 필드에서 발생하는 문제 중 이에 해당되는 부분은 불안(Anxiety)으로 경기력에 밀접한 영향을 준다. 심장이 떨린다거나 몸을 원하는 대로 조절할 수 없는 것, 이성적이고 깊은 생각을 할 수 없는 것은 두려움과 긴장, 초조에서 오는 반응으로 많은 신체적, 생리적 변화를 유발한다. 이런 불안이 어떻게 형성되며 어떤 과정을 거쳐 반응을 불러일으키는지 그 기전을 알아볼 필요가 있다.

01. 골프에서 정서는 무엇인가?

<u>인간은 언제 어디서나 정서를 느낀다.
끊임없이 느끼고 끊임없이 영향을 받는다.
실력 너머 미지의 느낌과 감정,
그 무형과 무태가 자신을 조절하고 있다.</u>

　한 라운드 18홀 동안 우리는 무수히 많은 기분을 느낀다. 그에 따라 우리의 반응과 행동이 달라진다. 버디가 나오면 왠지 모를 뿌듯함과 성취감으로 즐겁고 행복하다. 반대로 보기를 하면 아쉽고 짜증이 나고 기분이 상한다. 필드에서 발생되는 감정과 느낌을 정서(emotion)라고 한다. 필드뿐만 아니라 우리 삶 전반에서도 경험과 자극을 통해 발생하는 자연스러운 현상이다. 정서가 유발되면 반응을 동반하는데 그 반응은 생리적 각성, 표정 반응, 감정 및 의식의 경험 등이 수반되어 복합적으로 나타난다. 중요한 것은 기능적인 반응으로 행동을 수반한다는 것이다.[2]

---

[2] Ekman (1972); Keltner and Gross (1999): Lazarus (1991); Levenson (1999); Plutchik (1982).

정서는 생리적 각성, 표정 반응, 감정 및 의식의 경험 등이 수반되는 복합적인 반응[3]이기에 의식과 수의에 상관없이 무의식적이고 통제할 수 없으며 즉각적으로 반응한다. 그 효과는 긍·부정 모두를 포함하고 있다. 의식과 무의식, 효과적인 행동의 유무에 대해서는 뒤에서 자세하게 다루겠지만 우리가 분명히 알아야할 것은 정서는 반드시 신경·생리학적 행동(반응)을 일으킨다는 것이다. 이런 반응이 골프 기량에 영향을 주기에 자신의 진짜 실력을 발휘하지 못하는 것이다(또는 긍정적인 영향을 주기도 함. 하지만 여기에서는 부정적인 부분을 주로 다루기로 함).

*정서는 행동적 반응을 수반하고
이는 골프에 영향을 미친다.*

이런 반응을 보이는 정서는 인지, 느낌, 그리고 행동의 세 가지 측면에 영향을 준다.[4] 인지부분은 자신의 상황(상태나 상황을 해석하는 방식, 예를 들어 '이 퍼팅을 놓치면 예선 탈락한다.')을 직시하고 필요한 정보를 취합하여 안정된 상황인지 그렇지 않은지를 평가한다. 그리고 느낌은 일종의 감각으로 시각, 촉각, 운동감각 등을 내포하여 주관적으로 느끼는 감정, 무드 등을 말한다. 느낌에 따른 행동으로 평가를 하고 행동 경향성을 갖는다. 경향성은 특정 방식으로 행동하려는 충동이나 성향이다. 불안을 느끼면 피하고 싶고 심장 박동

---

[3] 양돈규 (2013).
[4] James and Michelle (2007).

수가 증가하며 손에 땀이 나고 사고의 폭이 좁아진다. 또한 불안한 환경에서 위축되고 사려 깊은 생각을 하지 못하며 자신의 행동을 원하는 대로 조정할 수 없는 것을 말한다.

이런 정서는 우리 스스로가 통제를 원한다고 조절할 수 있는 것이 아니다. 오히려 정서가 의식을 통제하는 정도가 더 크다. 뇌 신경회로의 진화적 관점으로 봐서는 정서가 인지에 영향을 미치는 것은 그 반대의 경우보다 훨씬 더 강력하도록 설계되어 있다. 그래서 한번 발생된 정서는 미래의 자신 행동을 예언하는 역할을 한다. 우리가 어떤 상황을 인식하거나 감정을 느끼면 그 다음 어떤 행동을 유발할지 알 수 있고 예측 가능하다. 공포가 불안이 될 때, 분노가 미움이 될 때, 쾌락이 중독이 될 때의 정서는 우리에게 부정적인 요인으로 작용하기 시작한다.[5]

정서는 인지, 느낌, 행동적 반응을 유발한다.

이것을 '정서반응(emotional response)'이라 하고 정서가 반응을 일으키는 현상을 만든다. 이런 현상은 뇌의 기능으로 진화를 통해 종의 보존을 위한 반응이다. 생물학적 의무를 충족시키기 위해 정서행동 시스템(공포로부터의 도피, 성행동, 먹이 구하기 등을 담당하는 시스템)이 작동한다. 필드에서 어려운 상황이나, 경험해보지 못한 샷을 해야 할 경우 이런 정서행동 시스템이 작동하여 심장 박동수를 증가시키고 몸이 경직되는 반응을 보인다. 골퍼는 자신의 행동이 의

---

[5] LeDoux (2006).

식적인지 무의식적인 알 수는 없다. 정서와 반응 모두 인지되지 않을 때가 있지만 그래도 지속적으로 자신의 수행에 영향을 준다. 자신에게는 좋은 샷의 발현능력이나 실력이 있더라도 실수하는 생각이나 나쁜 결과가 떠오를 때 그럴 가능성이 높다. 그만큼 필드 안에서 발생하는 정서나 그에 따른 반응에 대한 이해가 낮았다. 또한 골퍼 스스로도 인식하지 못하는 경우가 대부분이다. 라운드에서 오는 인지, 느낌, 행동 영역은 우리 수행 향상에 도움이 될 미개척 영역으로 정서와 골프와의 관계가 규명될수록 경기력은 향상될 것이다.

> **정서반응(Emotional Response)**[6]
> 정서를 자극하는 상황에 직면하여 발생한 정서에 수반되는 여러 가지 신체/생리적 변화, 즉 혈압, 맥박수, 호흡, 외현적 행동 등의 변화를 말한다. 정서는 자극이 대뇌 정보처리를 거치기 전에 순간적으로 일어날 수도 있는데, 이때에 발생하는 행동은 의식하지 못한다.

---

[6] 한국교육심리학회 (2000).

02. 정서의 대표 감정, 불안

<u>태초의 모든 종은 살아남기 위해 불안 시스템을 선택했다.
성격, 기질, 본능, 뇌 속에서
자신을 조절하고 지시하는 감정의 대표, 불안</u>

　정서를 느끼는 것은 정상적이고 자연스러운 일이다. 정서는 반응을 동반하는 시스템이다. 이런 시스템은 진화론적 관점에서 종의 연장에 중추적인 역할을 했다. 반응 중 불안(anxiety)은 강력한 반응을 일으키는 정서의 대표 감정이다. 걱정, 두려움, 초조, 스트레스는 모두 다른 요인으로 구분하기도 하지만 정서반응의 맥락으로는 같다고 할 수 있다.
　불안, 걱정, 두려움, 초조, 스트레스 모두 비슷한 반응을 보이는데 이것을 방어반응(defense reaction)이라 한다. 하지만 이런 불안을 느끼고 반응을 나타내는 것은 개인적으로 다르다. 사람마다 높은 곳, 곤충, 뱀을 싫어하고 무서워하는 정도는 다르다. 이는 개인의 성격 특성의 차이와[7] 기질 차이에서 발생한다.[8] 성격과 기질적 특성을 고려하지 않고 불안에 반응을 변화시키거나 벗어나려고 해도 거의 불가능하다. 그것이 인간의 본성적이고 원초적인 특성 때문이다.

> 인간마다 성격과 기질의 차이가 다르기 때문에
> 같은 불안을 다르게 느낀다.

똑같은 상황일지라도 개인마다 다르게 받아들이고 다르게 느끼는 것은 이제까지 각자가 다른 삶을 살아왔고 그 속의 경험이 달랐기 때문이다. 그래서 불안을 느끼는 것은 매우 주관적일 수밖에 없다. 선천적으로 다른 유전자를 갖고 태어나고 후천적으로 다른 경험과 반응을 하며 살아온 사람에게 같은 시선이나 잣대를 들이대는 건 사람마다 다름을 인정하지 않는 것이다. 모든 골퍼가 1m 퍼팅에 불안을 느끼지 않을 거라는 일반화 된 기준을 제시할 수 없다. 다른 경험과 다른 강도의 감정을 동반한 실수를 하고, 같은 실수에 다른 감정을 느끼는 것은 사람마다 다르기에 이는 당연하다. 어떤 사람에게는 아무 일도 아닌 사건이나 사고가 또 어떤 이에게는 너무 어렵고 힘든 사건으로 느껴질 수 있다. '자신감 있게 쳐', '왜 그렇게 긴장해?', '뭐가 무섭다고 그렇게 떨어?'처럼 자신의 기준을 타인에게 적용하는 것은 맞지 않다. 자신이 봤을 때는 충분히 할 수 있고, 누구나 해낼 수 있을 것 같은 일이라도 다른 사람에게는 힘들고 어렵게 느낄 수 있다. 모든 감정은 주관적이고 느끼는 주체에 따라 다른 반응을 일으키기에 일반화 할 수 없다. 정서반응은 각각에 다른 개별적 반응

---

7 Kagan (1994); Eysenck (1995).
8 Kagan (1994).

을 나타내기 때문이다.

이런 현상은 사람마다 다른 뇌를 갖고 있다는 것을 반증한다. 사람 얼굴에 보편적인 기능을 하는 부위는 같지만 그 모양새가 다른 것과 같다. 눈, 코, 입, 턱이 있는 얼굴이라고 같은 얼굴이라 하지 않고 형체와 모양의 차이로 구분하는 원리이다. 성격은 성향과 기질로 다른 사람과 구별되는 기준이 된다. 사람마다 살아오면서 많은 사건과 기억들이 저장되면서 다른 반응을 유발한다. 유전적인 차이와 살아오면서 겪은 각기 다른 경험은 지금 현재 우리 자신이고 그런 뇌의 경험과 반응으로 우리를 조정하고 있다.

> **뇌(Brain)**
> 두개골 속 1.2 ~ 1.4kg 정도의 단백질로 이루어진 신경계로서 중추신경계의 핵심 부분이다. 신경계통 중에서도 가장 중요하고 고차적인 기능을 수행하는 기관이다.
>
> **불안(Anxiety)**
> '불쾌한 기질'[9]로 특정한 위험을 알아차릴 수는 없지만, '뭔가 나쁜 일이 일어날 것이다.'와 같은 일반적인 상태를 의미한다.[10] 또는 불안을 유발하는 대상과 상관없이 상태 그 자체와 관련된다.[11]

불안은 부정적인 측면만 있는 것은 아니다. 키에르케고르는 불안이 성공적인 삶에 필수조건이라고 했고,[12] 중심이 잘 잡힌 사람은 불

---

[9] Spielberger (1966).
[10] Lazarus (1991).
[11] Freud (1917); Quoted by Zeidner and Matthews (2011).
[12] Kierkegaard (1980).

안을 직면하며 앞으로 나아간다고 했다.[13] 이렇듯 사람에게 불안은 성공에 이르게 하는 자극제가 되기도 한다. 다음 주에 있는 라운드 약속이나 다음 달에 있는 시합이 불안하기에 연습과 훈련에 헌신하고 규칙적인 삶을 살게 하는 것과 같이 동기(motivation)로 작용하기도 한다. 그래서 불안이 너무 낮으면 동기를 불러일으키지 못하지만 지나친 불안은 수행 능력을 저해한다.[14] 이렇듯 불안은 두 가지 반응을 일으킨다.

여기에서는 두 가지의 반응 중에서 골프 수행력에 부정적인 영향을 주는 메커니즘은 어디에서, 왜 발생하는지와 그것을 해결하고 대처하는 방안을 무엇인지에 대해 중점적으로 다루고자 한다.

> **불안의 두 가지 영향**
> 1. 성공적인 삶으로 만들기 위해 헌신하고 노력하게 하는 동기부여(motivation)의 역할을 한다.
> 2. 선·후천적으로 발생한 경험, 교육, 기억 등이 불쾌한 감정을 유발하여 수행, 작업, 학습 등 능력을 저해시킨다.

---

[13] Epstein (1972).
[14] Yerkes and Dodson (1908); McGaugh (2003).

03. 불안은 어디에서 오는가?

<u>본능과 후천적 경험에서 오는 살아남으려는 정서</u>
<u>위험 감지, 적절한 반응을 통해 대처하게 만드는 시스템 '불안'</u>

불안이 발생되는 원인은 크게 두 가지 경로가 있다. 첫 번째는 선천적으로 DNA 속에 내포되어 있는 불안 요소로 인해 발생된다. 후천적인 학습이나 경험에서 발생되는 것이 아닌 유전적으로 태어날 때부터 갖고 있는 자기 방어 본능이다. 뱀, 높은 곳, 어두운 곳은 고등 사고를 할 수 없는 시기(유아기 때처럼 사물이나 인지, 사고, 의사결정 능력처럼 고등 사고를 할 수 없는 시기)를 제외하고는 쉽고 빠르게 학습된다. 사람은 유전적으로 이것을 배우기 위한 성향을 갖고 태어난다.[15] 이런 선천적 학습 기능이 있어 뱀에게 물려보지 않아도 피해야 하는 대상인지 인지하는 것이다. 본능적으로 이런 불안 촉발은 뇌가 자신의 기능을 제대로 하고 있는 반증이다. 두 번째는 경험과 학습을 통해 후천적으로 발생되는 경로이다. 살아가면서 경험과 기

---

[15] Öhman, Eriksson and Olofsson (1975). Kagan (1994).

억으로 저장되어 의식적·무의식적으로 찰나의 순간에 이전 좋지 못한 기억이나 부정적 감정을 내포한 사건과 비슷한 상황으로 판단되면 불안 반응을 나타낸다. 교통사고를 경험한 사람은 교통사고라는 끔찍한 경험과 두려움, 불안과 같은 부정적 정서가 함께 저장된다. 이후 교통사고 난 장소, 사고를 낸 운전자 등 비슷한 상황일 때 이전 기억을 떠오르거나 되살아나는 경험이 불안 반응을 불러일으키는 촉매제가 된다.

불안을 형성하는 두 경로 모두 위협을 감지하면 반응(행위)한다.[16] 이를 불안의 대표 반응인 '투쟁-도피 반응' 혹은 '스트레스 반응'이라고 한다.[17] 이런 방어반응은 위협이 현존하거나 예상되는 상황에서 촉발되며 그런 상황으로 인식하면 대상으로부터 도망가거나 싸우기 반응 중 하나를 선택한다. 이런 사건과 감정이 결합된 기억은 수렵채집을 할 당시 포식자에게 보이는 반응이었다. 포식자로부터 도망가거나 그럴 수 없을 때 맞서 싸우기 위한 반응이다. 교통사고와 포식자를 같은 상황으로 볼 수는 없지만 뇌는 이걸 구분하기보다는 즉각적인 반응을 먼저 보인다. 이런 '투쟁-도피' 반응은 생존 메커니즘으로 의식보다 빠른 무의식적으로 발동한다. 도망가거나 싸우기 위한 과정으로 모두 활동을 필요로 한다. 이에 캐논은 방어반응이 활동을 주체로 하는 대처방안이기에 필요한 곳(골격근, 순환계, 에니지 내사 등)의 활성화가 필수적이라고 하였다. 그래서 호흡을 증가시켜 젖산을 포도당으로 전환시키고 심박수를 증가시켜 순환계의 혈류를 증

---

16 Epstein (1972).
17 Cannon (1927).

가시켜 근육에 에너지 전달을 향상시키는 반응을 보인다.

> **불안 형성 경로**
> 첫째, 선천적인 뇌의 기능으로 아주 쉽게 학습되는 경로
> 둘째, 후천적으로 경험과 학습으로 만들어지는 경로

필드에서도 선천적 기질과 후천적 경험을 통해 발생한 기억, 학습 등으로 불안은 촉발되고 방어반응이 일어난다. 필드에서 발생되는 불안의 경로는 대부분 후천적인 것이다. 태어나면서 생존을 위한 꼭 필요한 정보가 아니기에 골프를 시작하며 후천적으로 형성된 경험과 기억으로 형성된다. 따라서 이 책에서는 주로 후천적인 경험과 기억에 대해 기술할 것이다. 기억이라는 것이 어떻게 형성되고 어떤 과정을 통해 되살아나고 어떤 반응을 보이는지 알 수 있다면 그에 맞는 대처방법을 제시할 수 있다.

04. 뇌 구조와 불안

생명유지부터 미래 예측까지 종합 컨트롤 타워 '뇌'
생명 잉태에서 발달까지
진화의 의미를 담고 있는 미지의 세계

 불안과 뇌를 이야기하기에 앞서 뇌의 구조와 불안의 관계를 이해할 필요가 있다. 인간은 유기체 중 체중 당 뇌 질량의 비율이 가장 크다. 체중에서 뇌가 차지하는 비율이 크다는 것은 그만큼 차지하는 비중이 크다는 것으로 그로 인한 깊은 사고와 창의력, 종합적인 사고를 할 수 있다. 그렇다고 고등한 기능만 하는 것이 아니라 원시적이고 원초적인 기능도 하며 그와 관련된 본능적 시스템도 갖고 있다. 그 대표적인 시스템이 바로 불안이다. 원초적인 뇌부터 미래를 예측할 수 있는 뇌까지 크게 세 부위로 나누어지고 각 부위별 담당하는 기능과 역할이 있다(그림 1, 표 1). 세 부위 중 가장 안쪽이며 깊이 위치한 부위에 뇌간(brain stem)이 자리 잡고 있으며 파충류에 발달되어 있어 '파충류의 뇌'로 불린다. 중간 부위에는 변연계(limbic system)가 있으며 포유류에 발달되어 '포유류의 뇌'로 불린다. 그리고 가장 가장

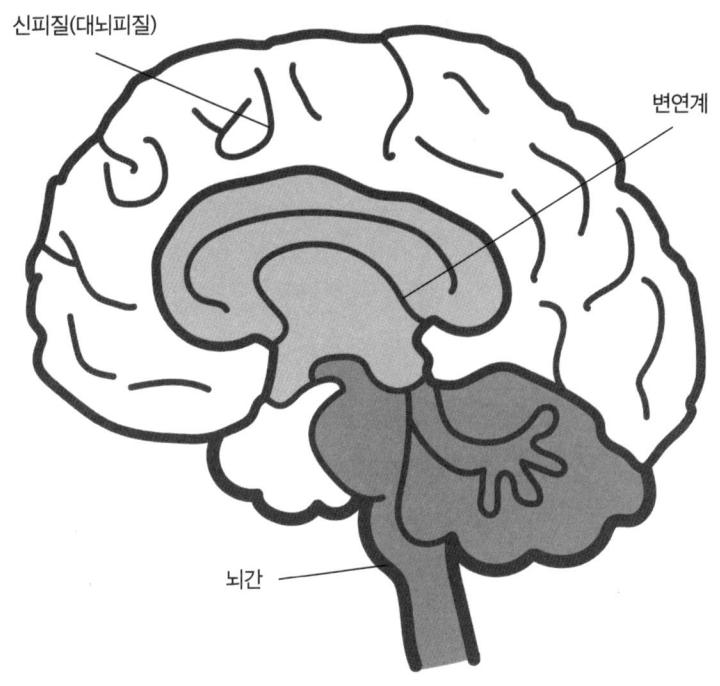

그림 1. 뇌의 3구조

구분	주요기능
1층 뇌간(Brain stem) 파충류의 뇌	호흡, 맥박, 체온조절, 감각 신호 전달 등 생명 유지
2층 변연계(Limbic system) 포유류의 뇌	해마 : 기억 저장, 의미있는 기억(시간, 장소, 감정, 의미 포함) 편도체 : 위협 감지, 비상신호, 의미없는 기억(감정적 기억, 파편적 기억) 감정조절 및 반응
3층 신피질(Neo-cortex) 인간의 뇌(현대인의 뇌)	사고, 통제, 감정 조절, 판단 등 깊은 인지 활동

표 1. 뇌 3구조와 주요기능

자리인 바깥쪽에는 신피질(neo-cortex)이 둘러싸고 있으며 인간이 모든 유기체 중에 이 부위가 가장 발달하여 '현대인의 뇌'라고 한다.

인간을 포함한 유기체는 생명이 잉태되면서부터 뇌간부터 변연계, 신피질 순으로 성장에 따라 발달되며 형성된다.

본능에 충실한 파충류의 뇌 : 1층의 뇌-뇌간(Brain stem)

뇌간은 인간의 본능과 생명 유지에 필요한 기초적인 대사를 담당한다. 호흡, 심장박동, 체온, 균형, 욕구 등 생존에 꼭 필요한 기능들을 관장하고 조절한다. 뱀이나 도마뱀 같은 파충류는 체온이 떨어지면 바위 위에서 일광욕을 통해 체온을 끌어올리고 배고픔이나 위협을 느끼지 않는다면 그 자리를 지키며 몇 시간씩 움직이지 않고 보낸다. 배고픔에 먹잇감을 찾아 움직이고 눈앞에 보이는 먹잇감이 자신의 새끼라도 머뭇거림 없이 잡아먹는다. 오로지 살아가기 위한 생명의 일차적 기능인 호흡, 심장박동, 감각 신호 반응, 식욕, 성욕 등을 관장하는 기능을 한다. 이런 행동은 감정이나 이성적 사고보다는 생명을 유지하기 위한 극히 본능적인 반응이다. 인간도 갓 태어났을 땐 이런 비슷한 행동 패턴을 보인다. 오랜 시간 잠을 자고, 소리, 촉감 등 자극이 없으면 반응하지 않고 배고프면 울어서 표시하는 행동처럼 생존에 필요한 부분만 반응한다. 그러면서 시간이 흘러 신체와 함께 뇌가 성장함에 따라 변연계와 신피질이 제대로 작동하기 시작하면 더 이상 이런 본능만이 아닌 이성이 반응에 영향을 준다. 하지만 갓난아이의 반응은 오로지 뇌간(파충류의 뇌)에 의해 작동하기에 이런 생명 유지 반응이 주를 이룬다.

불안, 사랑, 기억을 관장하는 포유류의 뇌 : 2층의 뇌
- 변연계(Limbic system)

변연계는 뇌간(파충류의 뇌) 위에 위치하며 기억, 불안, 감정 등의 기능을 관장한다. 변연계의 핵심적인 기관은 해마와 편도체로서 그 기능은 다음과 같다(그림 2).

· **해마(Hippocampus)**
해마는 기억과 경험의 처리를 담당한다. 우리가 흔히 말하는 기억이 바로 해마에 저장되어 있기 때문에 가능하다. 해마에서 기억한 시간·감정·의미를 중심으로 형성되고 시간이 지나면 사라진다. 이 해마에서 기억하기 위해서는 감정이 함께 저장되어야 한다. 감정이 포함되지 않은 기억은 기억할 가치가 없다고 생각하여 지워진다. 예를 들어 중요한 시합(라운드)에서 마지막 홀에 Out of Bound(이하 OB)로 예선 탈락을 했다면 OB라는 사건에 낙담과 안타까움이라는 감정적 요소가

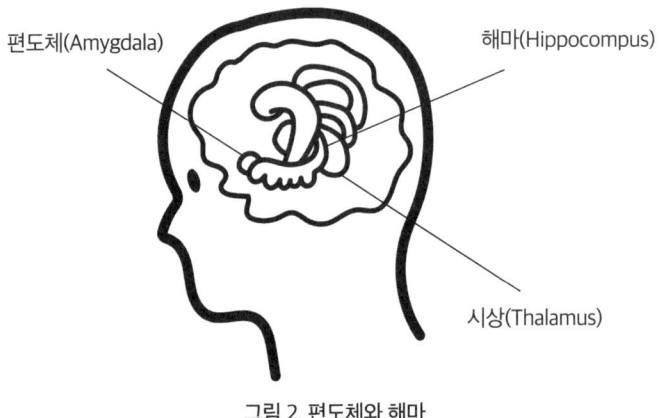

그림 2. 편도체와 해마

결합된다. 이런 사건과 정서가 함께 형성되면 기억에 오래 남게 된다.

· 편도체(Amygdala)

편도체는 비상신호를 보내는 기관이다. 위협이 감지되거나 예상되면 교감신경계를 활성화하여 '얼어붙기 반응'이나 '투쟁-도피 반응'을 일으켜 생존 확률을 높인다. 하지만 편도체는 진짜 위협인지 가짜 위협인지 구별하지 못해 무차별적으로 비상신호를 보낸다. 자신이 위험이나 위협에 노출된 것 같으면 모든 행동을 멈추고 도망가거나 싸울 준비를 시키는 주체이다.

편도체도 기억을 저장하는데 해마의 기억 저장 시스템과는 다르다. 편도체의 기억에는 극도의 감정(불안, 공포, 두려움, 분노 등)에 자극된 것이고, 거기에는 시간·공간 개념이 없는 기억이다. 부분적이고 파편적인 기억과 단편 기억을 저장한다. 사건에 대한 기억은 있지만 이야기를 통해 흐름을 만들거나 스토리를 기억하는 것이 아닌 그 사건(경험)만 기억한다. 말로 표현할 수 없는 기억을 말하며 단편적으로 저장되는 기억이다.[18]

편도체는 공포반응을 일으키는 고통과 관련된 자극에 반응한다. 특정 자극(상황, 소리, 환경 등 다양한 조건이 공포를 유발하는 조건)일 때 심장 박동수 증가를 유발한다.[19] 또한 공포를 학습하여 '두려운 시각 자극'이 있을 때 편도체가 활성화 된다.[20]

---

18 Vuilleumier et al (2001).
19 Bear et al (2007).
20 Hammann (2001).

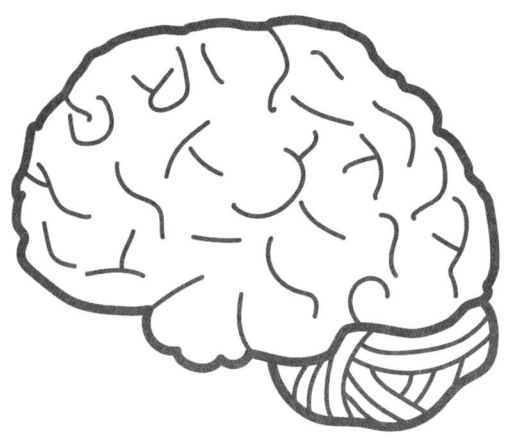

그림 3. 신피질

깊은 사고와 미래를 예측하는 뇌 : 3층의 뇌 - 신피질(Neo-cortex)

신피질의 대표적인 기능은 감각기능(시각, 청각, 미각, 촉각, 후각 등)과 운동기능, 그리고 깊은 사고(분석, 판단, 창의, 상상 등-종합적인 사고)로 나눌 수 있다. 인간이 다른 동물과 구분되는 이성과 사고를 관장하는 영역으로 유기체 중 가장 진화되었다(그림 3). 특히 무엇이 옳고 그른지, 하고 싶은 것과 하지 말아야 하는 것, 문제 해결 능력으로 가장 적합한 행동을 찾는 것과 같이 조절, 통제, 판단, 추론, 예측을 하는 전전두엽은 인간의 뇌중에서도 가장 늦게 발달한다. 전전두엽이 완전히 발달하는 시기는 20세 전후이기에 성장함에 따라 자신의 행동을 결정짓고 올바른 사고와 충동을 조절하는 것으로 사람마다 성장에는 차이가 발생할 수 있다. 유아기에서 성인으로 성장하는 시기에 신체와 더불어 뇌의 크기와 기능도 함께 성장한다.

05. 상황에 따라 사용하는 뇌 부위는 달라진다

<u>다양한 감각 정보에 의해 켜지는 자율신경계의 스위치</u>
<u>비상모드의 교감신경과 원상복귀 시키는 부교감신경의 선택</u>

　뇌는 자신의 종을 후대에 남기고 생존하기 위해 존재한다. 그러기 위해서 자극에 반응하고 움직인다. 생존에 문제가 없고 주위 환경에 위협이 없을 때는 뇌의 가장 바깥 영역(3층 신피질)을 사용해서 이성적인 사고와 인지 시스템을 사용하지만 위험이나 위협을 감지하면 안쪽 영역을(변연계, 뇌간) 작동하여 원초적이고 본능적인 시스템을 가동한다.

　위험이나 위협으로 두려움이라는 외부 자극을 인식하면 근육, 자율신경, 호르몬을 조절하여 두려움 반응을 보인다(그림 4). 두려움 반응 중 근육(골격근)은 얼어붙기 반응, 투쟁-도피 반응 등 행동에 관한 부분을 조절하고, 자율신경계는 심혈관계, 내장기관 그리고 생리적 기능을 조절한다. 또한 호르몬을 분비하여 몸의 여러 기관과 뇌를 조절한다. 이렇듯 평상시에는 정상적으로 이성적 삶을 살다가 위험이나 위협을 느끼면 즉각적이고 본능적인 반응을 보인다. 이런 반응

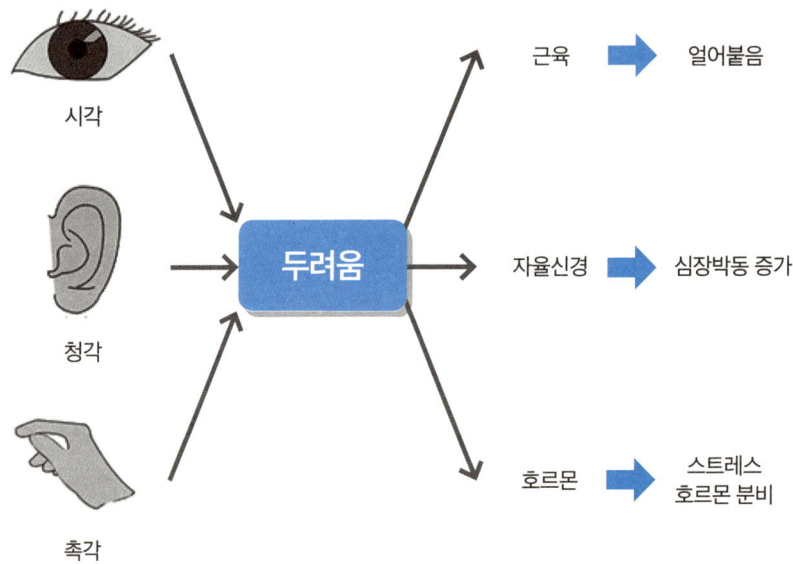

그림 4. 외부 자극에 대한 방어반응

은 생리·심리적인 변화를 초래하는데 이는 신체의 미세한 조절이나 세밀하게 계획하고 높은 인지 에너지가 요구되는 작업과는 맞지 않는다. 이런 이유로 골프 수행에서 자율신경계의 활성화는 도움보다는 부정적 영향을 준다.

이런 반응은 환경이나 상황에서 두려움을 유발하는 정보(시각, 청각, 촉각 등)로 인해 발생한다. 다양한 감각 정보를 분석하고 평가하여 두려움이 감지되면 편도체는 방어반응을 일으킨다. 모든 행동은 생존과 연결되어 있어 불안이나 두려움을 느끼면 무의식에서 즉각적인 반응을 보인다. 그래야 위협으로부터 빠르게 도망치거나 싸울 준비가 되어 살아남을 확률을 높이기 때문이다. 또한 이런 두려움 반응은 내 의지와 상관없이 뇌 스스로가 판단하여 자율적으로 작동한다. 예를 들어 해저드를 넘겨야 하는 홀에서 해저드에 빠졌던 이전 경험으로 두려워지면 근육이나 자율신경, 호르몬이 방어반응을 일으키고 그 발현은 내 의지와 상관없이 이루어진다. 연습 상황이라면 충분히 넘길 수 있지만 중압감이 높은 상황(시합, 성취욕구가 강한 상태)에서는 방어반응이 더 강력하게 발동하여 신체, 생리, 인지 모든 영역에서 비상 시스템이 작동한다. 근육은 긴장하고 심장 박동수는 빨라지고 생각은 짧아져 사려 깊게 상황을 파악하지 못한다. 이런 상황에서 좋은 결과를 만들어 내기란 쉽지 않을 것이다.

　방어반응을 작동하는 자율신경계는 교감신경계와 부교감신경계, 다른 내분비계로 구성되어 있다. 방어반응은 교감신경계에서 무의식적이고 자율적으로 작동한다. 예를 들면 호흡, 심장박동, 소화 등이 우리의 의식과 상관없이 작동하며 자동적인 것처럼 자율신경계는 우리 몸이 일정하게 유지되게 하고, 흥분이나 예민함의 수위를 조절해 자신이 현재 처해 있는 상황 인식에 맞춰 반응한다.

교감신경과 부교감신경

　자주 방문하는 골프장에서 편안한 동반자와 라운드 할 때 자신의 기량을 마음껏 펼쳐 보일 확률이 높다. 그에 반해 처음 접하는 골프장에서 직장 상사나 심리적으로 불편한 동반자라면 기량을 발휘하기는 쉽지 않다. 이렇듯 환경이나 동반 플레이어에 따라 수행력은 차이가 나타나는데 이것은 자율신경계의 반응 때문이다. 무엇 때문인지 알 수는 없지만 샷 할 때 긴장되어 심장 박동수, 호흡이 빨라짐에 따라 스윙이나 행동도 빨라져 실수를 했다면 이는 교감신경이 활성화 되었기 때문이다. 초조하고 흥분되는 반응은 행동을 급하고 서두르게 한다. 그러다가도 환경이나 상황이 위험에서 벗어났다고 느껴지면 심장 박동과 호흡은 원상복귀 되어 다시 편안함을 되찾는다. 이를 관장하는 것이 부교감신경계이다.

불안하면 자신의 경기력이 나오지 않는다고 호소하는 선수들과 이야기를 나누어 보면 비슷한 현상을 호소한다. 불안이 느껴지면 심장이 빨리 뛰고, 심장소리가 들릴 정도로 크게 뛰고, 자신도 모르게 조급해져서 스윙이 빨라지는 현상을 토로한다. 그리고 시합이 끝나면 언제 그랬냐는 듯이 그런 증상들은 말끔히 사라진다. 이렇듯 위협이 발생할 것 같은 예감이 들면 교감신경이 활성화 되어 '도피-투쟁 반응'을 보이는 것이고, 그 위협이 사라지거나 발생하지 않을 것 같은 생각이 들면 부교감신경이 활성화 되어 원래 안정 상태로 돌아오는 경험[21]을 반복한다.

교감신경은 외부 자극(보이고, 들리고, 피부에 닿는 정보)에서 위협을 예측하거나 느끼면 시상하부(Hypothalamus)에서 신호를 보내 스트레스 호르몬인 아드레날린과 코티졸을 분출한다. 아드레날린은 심장박동과 호흡을 증가시키고 순간적으로 에너지를 솟아나게 해 도망치거나 싸울 준비를 시킨다. 코티졸은 우리 몸이 만들어 내는 스테로이드(근육증강제)로 위협에 대비해 에너지를 스트레스 처리

---

[21] Bernard (1865/1957); Langley (1903); Cannon (1929).

에 쓰이도록 한다.

> 위협 감지 → 시상하부 위협 신호 송출 → 아드레날린, 코티졸 분비 → 스트레스 반응

하지만 너무 강한 불안감이나, 오랜 기간 위협 속에 노출되어 있으면 코티졸의 영향으로 면역 기능, 기억력, 집중력을 떨어트리고 뇌세포, 특히 기억과 경험의 처리를 담당하는 해마를 공격해 단기 기억상실증을 유발하기도 한다. 실례로 선수가 시합에서 연속 실수를 범하고 극심한 스트레스를 받으면 경기가 끝난 후 자신의 플레이를 기억하지 못하는 경우가 발생한다. 시합 현장에서 이런 경우가 많다.

06. 불안에서 살아남기 : 방어반응

<u>살기 위해 도망가고, 살기 위해 투쟁한다.</u>
<u>위협을 느끼는 순간 움직임을 멈추고</u>
<u>정보를 취합하는 시스템 : 방어반응</u>

인간의 뇌는(인간을 포함한 동물) 편안하고 안전한 환경일 때 각 영역에서 이상적인 상태로 제 기능을 다한다. 다양한 정보를 받아들이고 긍정과 부정을 구분할 수 있으며 감정과 이성의 균형을 조절한다. 하지만 이런 상태에서 위험·위협이 감지되면 도망가거나 싸우는 방어기제가 발동하거나[22] 공포에 질려 얼어붙는 필수 방어반응을 나타낸다. 다윈은 '겁에 질린 사람은, 처음에는 동상처럼 꼼짝 않고 숨도 쉬지 않고, 숨도 쉬지 못하는 채로 서있거나 마치 본능적으로 다른 이의 눈을 피하려는 듯 몸을 웅크린다.[23]고 했다.

불안의 핵심 방어 전략은 세 가지 반응 중 하나를 고르는 것이다.

---

[22] Cannon (1927).
[23] Darwin (1872).

방어반응	전시체제
뇌	군사령관
혈액	군인
근육	전투지역
산소, 에너지 등	탄약, 전투식량 등

표 2. 방어반응과 전시체제 관련 요인별 연결

일단 얼어붙고, 가능하면 도피하고, 피할 수 없다면 투쟁하는 것이다.[24] 이런 상황이 되면 이미 뇌는 비상모드로 변환되어 본능적인 뇌와 감정을 관장하는 뇌(1층 파충류 뇌와 2층 포유류의 뇌)의 명령을 따른다. 가령, 외부세력이 자신의 나라에 무력을 사용하거나 침범하면 모든 국가의 기능은 군(軍)에서 통솔하는 전시체제가 된다. 이와 같이 인간은 뇌의 비상 모드가 작동되면 모든 기능을 뇌에서 조절한다. 비상 모드와 전시체제의 비슷한 시스템은 표 2와 같이 '뇌 = 군사령관', '혈액 = 군인', '근육 = 벙커'로 짝지을 수 있으며 뇌(군사령관)에서 위협·위험을 감지하면 비상상황을 알리는 사이렌이 울리고 혈액(군인)은 싸울 준비(전투태세)를 하여 신속히 근육(전투지역)으로 이동시킨다. 적으로부터 자신을 보호하기 위한 시스템이 가동되는 것이다. 뇌는 이런 방어 시스템으로 우리 종을 이제까지 생존하게 만들었다. 살아남기 위한 시스템이 방어반응이고 그 대표적인 반응이 얼어붙기, 도망가기, 싸우기이다.

---

[24] Edmunds (1974); Blanchard and Blanchard (1969)' Bracha et al (2004); Ratner (1967, 1975).

얼어붙기(Freezing)

　얼어붙기는 움직임에 관한 반응으로 포식자에게 들킬 가능성을 줄이고 포식자나 주위를 탐색하고 이후 반응을 선택하기 위한 방어반응이다. 움직이는 것은 포식자로 하여금 더 먼 거리에서도 눈에 띌 가능성이 높기에 즉각적이고 극단적으로 움직임을 제어한다. 근육에 많은 혈액이 분비되면서 이후에 발생할 수 있는 도망가기나 싸울 준비를 하는 단계에 속한다. 골프 수행력에 악영향을 주는 주요 반응으로 미세하고 세밀한 움직임이 필요한 골프 수행을 경직되고 매끄럽지 못하게 한다. 이런 반응을 유발하는 극심한 공포심은 움직이고 싶어도 움직일 수 없는 현상을 초래한다. 이것은 골프 입스(yips)의 주요 원인이 된다. 이런 현상에 대해서는 뒤에서 자세히 다루겠다.

도망가기(도피반응)

　불안을 느끼면 즉각적으로 움직임을 멈추고 주의를 살핀다. 그런데 포식자가 자신을 탐색하고 뛰어 오는 상황이라면 한발이라도 먼저 도망가야 살아남을 확률이 높다. 포식자는 자신보다 강한 근력과 큰 체격, 빠른 속도를 가지고 있어 투쟁하는 것은 좋은 선택이 아니다. 그래서 정보를 빠르게 습득하고 신속한 판단으로 포식자보다 먼저 선택하여 한발이라도 더 빨리 도망가야 한다. 숲속에서 마주친 호랑이가 자신을 보고 달려오는 상황이면 도망가는 것이 본능적인 반응이다. 얼어붙을지, 도망갈지, 싸울지를 선택하는 것은 판단이 빨라야 살아남을 확률이 높다. 우리 몸은 위협을 감지하는 위험감지센서(neuroception)가 있어 의식·무의식적으로 불안을 0.02~0.1초 사이에 판단하고 반사적 행동을 취한다.

싸우기(투쟁반응)

　포식자에게 쫓기다 낭떠러지처럼 도저히 도망갈 수 없는 상황이 되면 그때는 선택의 여지가 없다. 포식자를 향해 돌아서서 죽기 살기로 싸워야 한다. 도망가다 잡혀 죽거나, 싸우다 죽거나, 죽는 건 똑같기 때문이다. 한 가닥 희망이라고는 투쟁심이나 분노를 보여 포식자로 하여금 뒷걸음질 치게 만들어 틈을 만들거나, 잡아먹고 싶은 충동을 사라지게 만드는 것뿐이다. 그래서 이때는 엄청난 분노를 나타내야 낮은 희망이라도 생긴다. 온갖 엄한 표정과 과장된 몸짓으로 자신의 분노를 표출해야만 포식자로 하여금 놀라거나 당황을 이끌어낼 수 있다.
　반대로 숲속 덤불에서 나타난 동물이 자신보다 몸집이 작고 독이 없어 보이면 우리는 도망가기보다 싸우는 쪽을 선택한다. 공격적인 행동으로 위협하고 상대로 하여금 두려움을 느껴 도망가기 반응을 선택하게 만드는 것이다.

　이렇듯 두려움에 대처하여 생존하기 위해 뇌는 대표 방어반응을 만들어 종이 살아남을 수 있었다. 이런 반응은 뇌의 원초적이고 본능적인 기능으로 자극을 실제 자각하지 못하고[25] 두려움을 전혀 느끼

정서	반응	대표 생리적 변화	목적
두려움	얼어붙기 (수동적 방어)	근육 경직, 심장 박동수 증가	- 포식자의 눈에 띄지 않기 위해 - 정보 수집하여 다음 행동에 대처하기 위해
	스트레스 반응 (능동적 방어)	심장 박동수 증가, 얕고 빠른 호흡, 혈압 상승 등	- 도망가기 위한 신체·생리적 준비 - 싸우기 위한 신체·생리적 준비

표 3. 방어반응의 생리적 변화와 목적

지 못해도[26] 편도체는 위협을 처리하고 조건 반응을 즉각적으로 촉발한다.

  필드에서 의식적이든 무의식적이든 두려움을 느낄 때 즉각적으로 반응하고 대처하는 방법 역시 다르지 않다. 얼어붙기(freezing) 반응을 보이며 생리적인 스트레스 반응을 보인다(표 3). 골퍼 자신의 의지와 상관없이 뇌의 원초적 기능으로 수행력에 부정적 영향을 받아 자신의 기량을 발휘하지 못하는 것은 안타까운 일이다. 진짜 두려움도 아닌 가짜 두려움으로 자신의 의지와 상관없이 진짜 실력을 발휘할 수 없는 것은 불합리하다. 방어반응의 발동을 조절할 수 있다면 좋겠지만 그럴 수 없는 본능이기에 애석할 따름이다.

---

[25] Olsson and Phelps (2004); Bornemann et al (2012); Mineka and Ohman (2002); Vuilleumier et al (2002); Knight et al (2005); Whalen et al (1998); Liddell et al (2005); Luo et al (2010); Morris et al (1998); Pourtois et al (2013).
[26] Bornemann et al (2012).

07. 나도 모르게 발생하는 생존 도우미 : 기억과 조건형성

내가 원하지 않아도 기억하는 뇌
의식하지 못하는 기억에 조정당하는 나

　골프 코스에서 라운드 도중 포식자를 만나거나 독이 있는 뱀이나 거미의 습격을 받는 일은 거의 없을 것이다. 필드에서 일어나는 불안은 골퍼 자신의 성장에 대한 욕구나 기대가 이루어지지 않을 것 같은 예감이 들 때 발생한다. 이런 불안 발생은 수행에 대한 실수, 기대에 대한 상심, 타인의 평가 등이 주요 원인이다. 예전 수렵채집 생활을 할 때의 포식자나 맹금류에 의한 불안이 아니라 인간의 성장·성취처럼 자아실현과 성취욕구가 만들어내는 심리적 불안이다. 생존과 상관없는 일에 불안을 느끼고 있는 것이다.
　자신의 생명이나 생존에 관한 불안을 '진짜 두려움'이라고 하고, 지금처럼 안전한 삶 속에서는 성취에 대한 기대와 실패, 타인 평가 등과 같은 불안을 '가짜 두려움'이라 한다. 골프가 생명과 생존을 위협하거나 관여하지 않는다는 걸 모르는 사람은 없다. 하지만 이성적으로 이해해도 두개골 속의 뇌는 그렇게 받아들이지 않는다. 뇌는 외부세계를 다섯 가지 전기 신호(시각, 청각, 촉각, 미각, 후각)로 들어오는 감각 정보만으로 판단하고 반응한다. 이렇게 '진짜 두려움'과 '가짜 두려움'의 감각 신호 체계가 같음으로 편도체는 이것을 변별할 능력이 없다. 그렇다면 반응을 보이는 것은 포식자나, OB를 보고 느끼는 두려움이 같을 수밖에 없다. 이 두 가지 두려움 모두 뇌는 같은 상황으로 받아들이는 것이다. 현대인의 삶에서 '진짜 두려움'을 느끼는 경우가 얼마나 있겠는가? 대다수 '가짜 두려움'을 느끼고 반응하는 것이다. 그렇다고 우리는 이 두 가지 두려움에 다르게 대처해야 하느냐? 그렇지 않다. 두려움 반응은 같기 때문에 필요에 따라 대처 유무만 결정하면 된다.

골프 상황에서 느끼는 두려움은 우리 선조 때부터 전해오는 두려움이 아니라 자신의 경험과 학습에 의해 만들어진 후천적 두려움(볼이 원하는 곳으로 가지 않을 것 같은 느낌, 어려운 라이, 고려해야 할 것이 많은 환경, 난해한 기술 생각 등)이다. 이런 반응이 일어나는 원인은 예전 언제인지 알 수는 없지만 부정적인 감정(두려움, 낙담, 분노 등)을 느낀 경험이 되살아나서 지금 눈앞의 상황에 오버랩되며 발동되는 것이다. 이전 실수나 실패 등으로 부정적 경험의 기억(memory)이 신경·생리적 방어반응을 일으킨다.

동물에게 자극(환경, 모양, 소리, 빛 등)과 전기 충격을 함께 가하면, 몇 분, 며칠, 몇 주가 지나도 그 자극(환경, 모양, 소리, 빛 등)에 조건형성되어 전기 충격이 가해질 것 같은 두려움으로 얼어붙기 행동을 유발한다. 동물의 얼어붙기 행동과 투쟁-도피 반응은 두려움에 중요한 선천적 방어반응이다.[27] 파블로프는 조건형성에 대해 자극

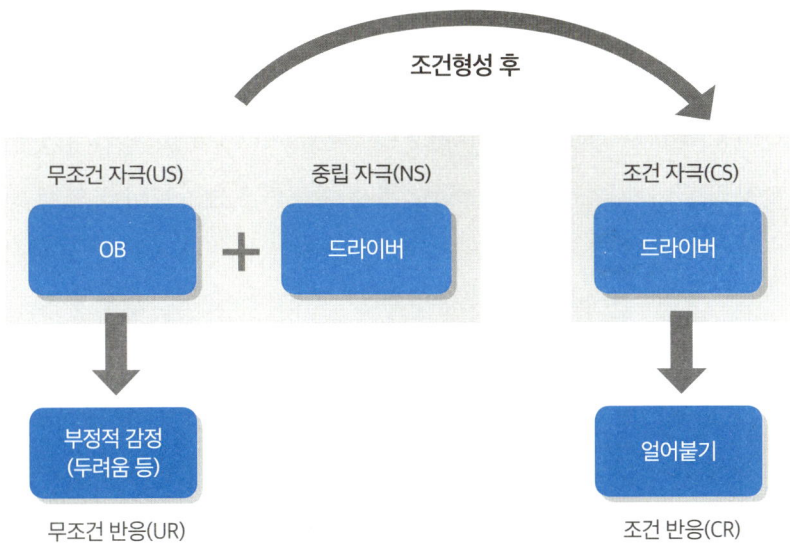

그림 5. 조건형성 과정

(무조건 자극 : US)과 전기 충격(조건 자극 : CS)이 조건형성 되면 자극만 주어져도 조건반응을 보이는 현상을 규명하였다.

 드라이버(중립 자극), OB(무조건 자극)로 몇 번의 부정적 감정(무조건 반응)을 느꼈다면 조건형성이 된다(그림 5). 그런 후부터는 티잉 그라운드에서 드라이버 셋업을 취하면 방어반응(소건 반응)을 보인다. 드라이버 샷을 하려고 하면 뇌에서는 OB 날 가능성이 높다고 경고를 보내 두려움으로 받아들이고 기존 드라이버 샷에서 발생한 OB

---

27 Blanchard and Blanchard (1969); Bolles and Fanselow (1980); Bouton and Bolles (1979); Gray (1987); Edmunds (1974); Brain et al (1990).

에서 부정적 감정으로 조건형성이 된 것이다. OB를 미리 예측하며 발생하는 부정적 감정이 학습된 것이다. 라운드 도중 이런 느낌을 받으면 방어반응 중 얼어붙는 반응이 나타나는 건 어찌 보면 골프의 특성 때문이다. 가령 골프 라운드 도중 방어반응으로 도피나 투쟁 반응이 보인다면 라운드 도중 포기하거나 화를 내거나 분노를 표출하며 공격성과 적대적 행위를 보이게 된다. 이런 행위는 골프 룰과 에티켓에 어긋난 대처이기에 이런 반응보다는 얼어붙기 반응을 보이는 것이 일반적이다. 외부(동반 플레이어, 룰, 에티겟에 어긋난 행동)로 표출하지 않고 스스로 대처할 수 있는 반응이기 때문이다. 이런 공포조건형성이 강해져서 더 강한 반응을 겪는다면 얼어붙기 반응에서 그치지 않을 것이다. 결국 골프를 그만두거나 코스에서 분노와 화를 표출하는 일이 발생할 것이다. 하지만 이는 스트레스 반응이 극에 달했을 때이기에 이 정도 수준이면 골프를 지속하기보다는 그만두는 쪽을 택할 것이다. 선수처럼 직업으로 접근한다면 강한 기대와 중압감으로 공포조건형성이 될 수 있는 환경의 빈도가 높을 것이다. 그리고 레저 활동의 하나로 즐거움과 건강을 목적으로 하는 일반 아마추어 골퍼에게는 강한 불안보다는 적절한 긴장을 만들어주는 자극이 될 수 있다. 하지만 강한 기대와 욕구는 공포조건형성을 일으키는 역할을 하므로 주의할 필요가 있다.

얼어붙기 반응은 샷 할 때 실수를 유발하는 대표적인 반응으로 그 발생기전을 이해하는 것이 골프 수행력을 향상시키는 방법이다. 이런 얼어붙기 반응은 조건형성이 되어 있는 조건 자극에 의해 발생되는데 그 유형에는 맥락 조건형성과 신호 조건형성이 있다.

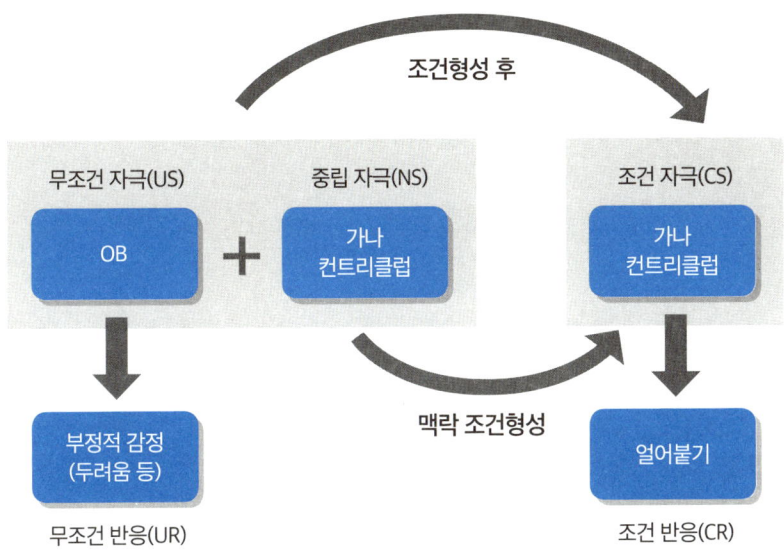

그림 6. 맥락 조건형성 과정

예를 들어 가나컨트리클럽(가칭)에서 많은 OB가 난 경험이 있어서 가나컨트리클럽과 OB가 조건형성 되었다면 다음에 가나컨트리클럽에 가는 것만으로도 조건반응인 얼어붙는 현상이 나타난다. 가나컨트리클럽(중립 자극)에서 OB(무조건 자극)와 부정적 감정(무조건 반응)을 많이 느꼈다. 그리곤 다시 그 장소인 가나컨트리클럽(조건반응)에서 샷을 하려고 하면 얼어붙기 반응(조건 반응)이 나타나는 걸 '맥락 조건형성(contextual conditioning)'이라 한다(그림 6). 맥락은 장소, 환경, 상황 등을 말한다. 이전에 부정적 감정을 유발한 사건과 비슷한 장소, 환경, 상황에 처하면 조건반응을 보이는 것이다. 의식적, 비의식적으로 비슷한 상황이라고 받아들이기만 하면 맥락 조건형성이 이루어져 반응을 나타낸다. 이런 맥락 조건형성의 예로

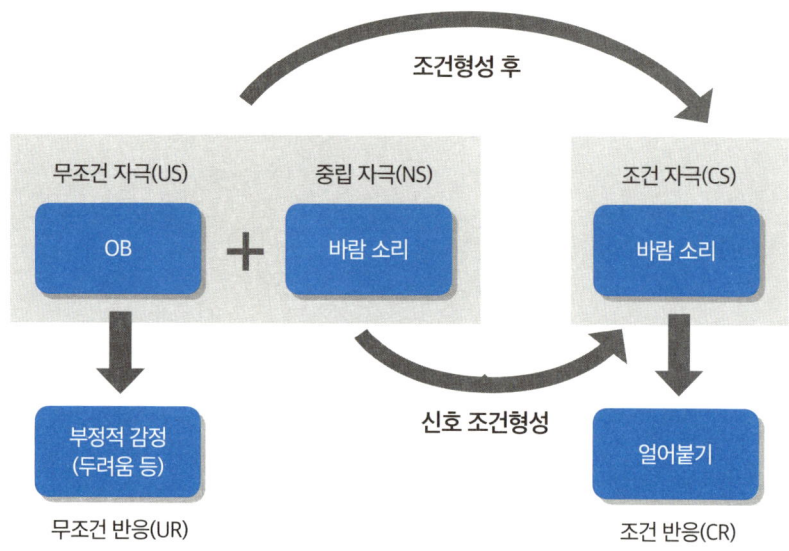

그림 7. 신호 조건형성 과정

는 1.5m 내리막 파 퍼팅을 많이 놓쳤다면 다음 비슷한 거리, 환경에서 퍼팅이 남았다면 조건 반응이 일어난다.

　반면, 좋은 스코어로 나가다가 심한 바람 때문에 OB가 나서 중요한 시합에 떨어진 기억으로 조건형성 되었다면 다른 코스에서도 바람 소리에 조건반응인 얼어붙기 반응을 보여 괜히 불안하고 스윙이 매끄럽지 못한 현상이 나타난다. 이런 조건형성을 '신호 조건형성(cued conditioning)'이라 한다(그림 7). 신호에는 특정 이미지, 감각(청각, 촉각 등), 상징물 등이 있다. 신호 조건형성도 예측적 가치를 학습하는 것으로 비슷한 신호에서 방어반응이 일어난다.

예) 맥락 조건형성

- 실수한 벙커 상황과 비슷할 때.
- 실수한 같은 벙커에 들어갔을 때.
- 실수한 라이와 비슷한 상황일 때.
- 실수했을 때와 비슷한 날씨일 때.

예) 신호 조건형성

- 낙담한 라운드의 동반자와 함께 라운드 할 때.
- 갤러리 불안이 있는데 18번 홀 그린에 자신을 보고 있는 갤러리가 떠오를 때.
- 특정 시합만 나가면 못 쳤던 기억이 있는데 또 같은 시합을 준비할 때.
- 실수한 상황에서 그립 느낌과 비슷한 그립감을 느낄 때.

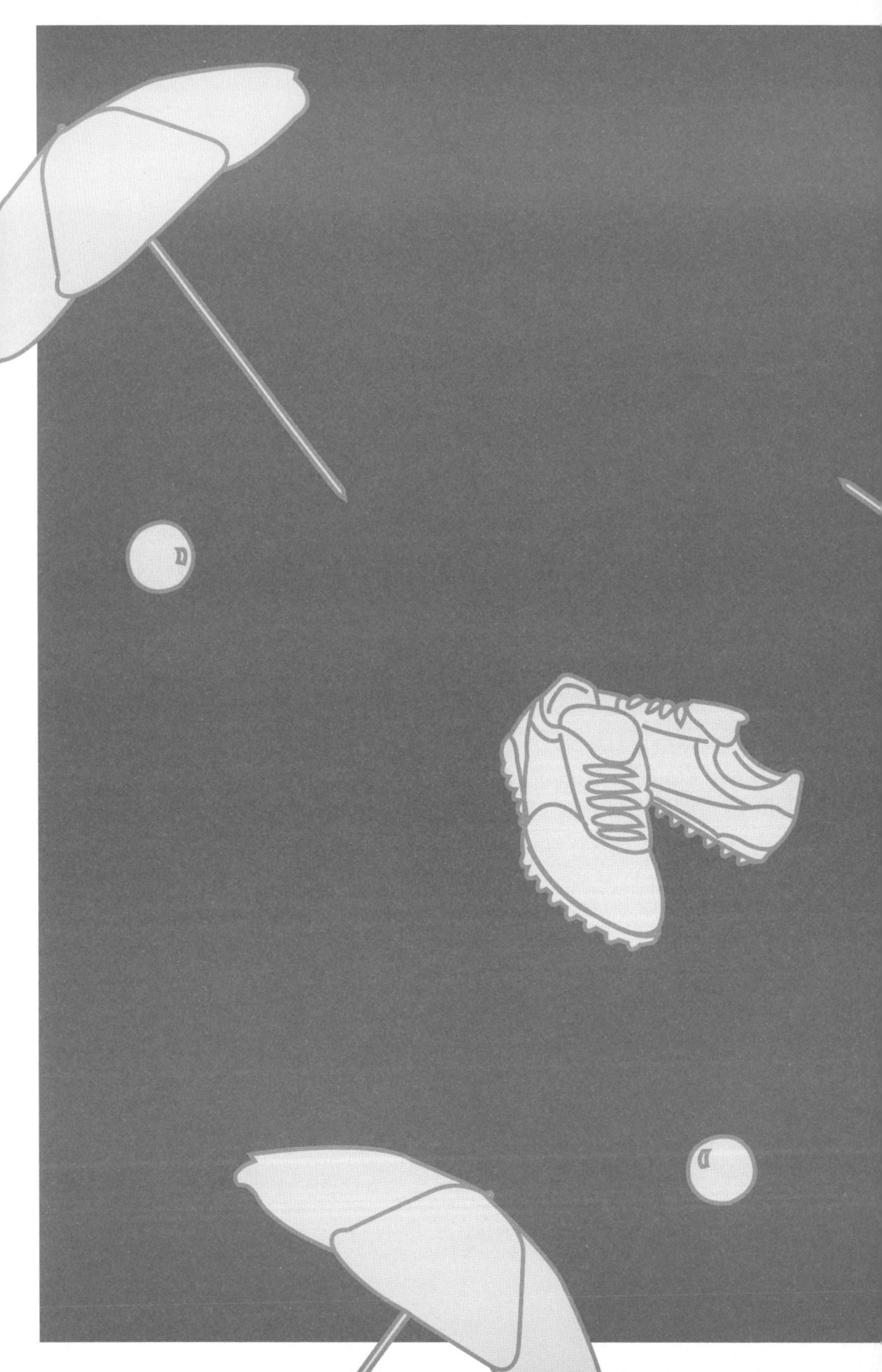

Chapter 2
살아남기 위한 입스(Yips)

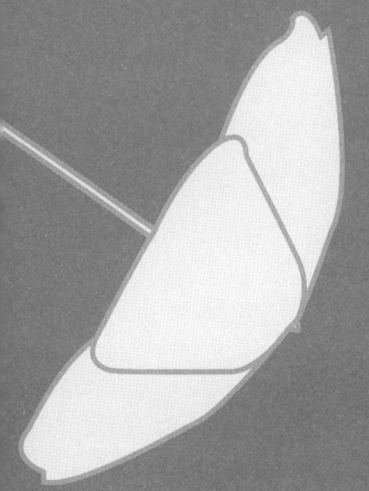

1. 입스(Yips), 불안의 자동적 반응
2. 두려움 정도에 따라 달라지는 반응
3. 희망의 회상(recall) 작업, 기준을 만들자
4. 언제나 되살아날 수 있는 입스
5. 초보자에게는 잘 발생되지 않는 입스
6. 어떤 기억이 불안을 만드는가?
7. 일단 얼어붙어 보고, 생각하자
8. 부정적 기억을 넘어 트라우마 형성

Chapter 2
살아남기 위한 입스(Yips)

 골프 수행력은 정확히 예측하기 힘들고 상황이나 환경에 따라 그 편차가 심하다. 잘 할 수 있을 것 같으면서도 그렇지 않고 또 어려운 상황에서도 의외의 결과가 나오는 것이 골프이다. 하지만 수행력은 학습, 연습, 실제 경험 등에 투자한 시간에 비례하며 성장하여 어느 정도 유추가 가능하다.
 어느 순간 어이없는 실수를 한다. 정말 어떻게 하면 저런 실수를 할 수 있는지 믿기 힘든 정도의 실수가 연속적으로 나타나거나 특정 상황이나 특정 클럽에서 발생한다.
 자신감 있던 드라이버가 어느 순간 상상하기도 힘든 정도의 실수가 나오고, 잘 되던 어프로치가 어느 순간 감을 잃어 어떻게 해야 할지 모를 정도로 느낌이 없어진다. 셋업에 들어서면 그립이 잡히질 않아 애를 먹는 경우를 주위에서 종종 볼 수 있다. 연습장과 연습라운드에서는 아무 문제 없다가도 시합이나 중요한 라운드에서는 이런 황당한 실수를 범하고 어느 순간부터 특정 샷을 할 수 없을 정도로 스윙 느낌이 사라진다. 상상할 수 없는 실수로 엄청난 당황을 경험한다. 이런 현상이 나타나면 누구나 극심한 불안을 느끼고 또 이런 불안에 떨고 있는 자신을 느끼며 더 불안해지는 악순환이 발생한다.

이런 현상은 유명한 골프 선수라도 피해 갈 수 없다. 쉬운 라이의 어프로치를 뒷땅을 치고 연거푸 실수하거나 탑핑을 쳐서 그린을 넘기는 경우도 볼 수 있다. 짧은 숏 퍼팅에 순간 자신도 모르는 힘이 들어가 페이스가 흔들리고 볼은 홀컵을 비켜간다. 이런 현상 등으로 한 라운드의 스코어에 무려 4.7타 정도 더 나올 정도로 심각한 결과를 초래한다.[28] 그 심리적 압박감과 중압감은 상당하여 자신의 의지와 상관없이 이상한 행동이 발생한다. 걷잡을 수 없는 나락으로 떨어지는 경우를 종종 볼 수 있다. 이런 현상은 클럽이나 스윙 기술의 문제라기보다는 신경·심리적 문제이다. 이를 입스(Yips)라고 한다.

이런 입스는 골프를 생업으로 하는 프로 선수에게만 나타나는 것은 아니다. 일반 아마추어 골퍼들에게도 많이 발생한다. 하지만 현장에서는 이런 현상에 대해 골프를 배우다보면 한번은 거쳐가는 과정, 어쩔 수 없는 성장통으로 치부하는 경우가 있다. 그 기전과 대처방법을 알지 못하기에 그렇게 수용할 수도 있을 수 있다. 물론 입스(yips) 현상은 지극히 정상적인 반응이고 인간이라면 당연히 발생할 수 있다. 하지만 이 현상에 대한 과학적인 이해를 한다면 충분히 대처할 수 있다.

---

[28] Niven (2006).

01. 입스(Yips), 불안의 자동적 반응

모든 골퍼는 실수를 한다.
가슴 속 기억 저 편에 묻어두다 어느 순간 임계선을 넘어서면
입스(Yips)라는 판도라의 상자가 열려 극심한 고통에 허덕일 수 있다.

앞서 이야기했듯이 공포 조건형성이 되면 비슷한 맥락이나 신호에 조건반응을 보인다. 그 반응으로 먼저 나타나는 것이 얼어붙기(freezing)이다. 이 반응은 선천적이거나 학습된 위협 요소에 의해 나타난다. 필드나 시합에서 공포조건이 학습되어 포식자나 실질적인 위협을 가하지 않는 가짜 두려움에 공포조건 반응을 보이는 것이다. 하지만 많은 골퍼들이 다양한 입스(yips)로 인해 극심한 정신적 고통을 받고 있다. 미국 PGA선수의 30%와 아마추어 골퍼의 경우 퍼터에 대해서는 무려 50%가 입스를 경험한다.[29] 이처럼 입스는 특정 그룹과 클럽에서만 나타나는 것이 아닌 인간이라면 누구나 갖고 있는 기능인 기억과 감정 시스템에 의해 발생하는 보편적인 반응이다. 같

---

[29] Niven (2006).

은 조건에서는 모든 골퍼들에게 발생할 수 있다. 이런 현상은 생존과 종의 연장이라는 본능적 기능을 하는 뇌의 역할이자 존재이유이다.

입스(yips),
불안 반응의 일종으로 강력한 얼어붙기 현상.

> **나상욱 선수 인터뷰 중**
> 제가 (입스를) 인식이 된 것은 (2012년) 플레이어스 챔피언십에서 백스윙이 안 갈 때(였어요). 그건 슬로우 플레이가 아니라 입스였어요. 저는 입스가 온 걸 솔직히 이야기했어요. 내가 입스가 와서 백스윙이 안 간다. 가고 싶은데 안 간다. 몸이 안 움직인다. 이해해 달라.
>
> 2018. 7. 9. 인터뷰 중

PGA Tour에서 2승을 하고 꾸준히 좋은 성적을 내고 있는 나상욱 선수의 인터뷰에서 자신이 겪은 입스에 대해 이야기를 하고 있다. 입스의 주된 반응은 백스윙이 되지 않고, 몸이 움직이지 않는 현상으로 너무 힘들었다고 한다. 이렇듯 이런 얼어붙기 반응은 자신의 의지와 상관없이 근육이 경직되며 움직임이 멈추는 현상에서 발단된다.

입스를 경험한 선수들과 상담을 진행하면 가장 먼저 호소하는 문제가 스윙이나 스트로크를 할 수 없거나 골프 클럽이 무겁다거나 백스윙이 들리지 않는다는 호소이다. 특정 클럽, 특정 기술, 특정 샷 등을 할 때 스윙이나 동작을 자신의 의지대로 할 수 없거나 신체를 조절하지 못한다는 것이다. 자신의 의지와 상관없이 극심한 공포감으로 호흡곤란, 맥박수 증가, 복통과 근육통, 손 떨림 등이 나타나 샷

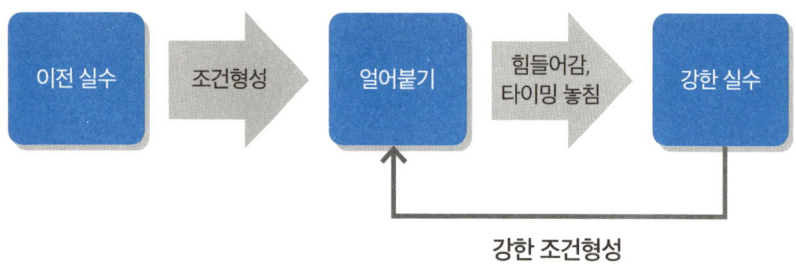

그림 8. 입스(Yips)의 악순환

이나 스트로크를 할 수 없게 만든다.[30] 이는 그 상황(신호)에서 조건형성이 되어 이전 기억 때문에 극심한 불안을 느끼며 강한 얼어붙기 현상이 발생한 것이다. 이런 강한 얼어붙기는 신체화를 거쳐 통증이나 손 떨림, 호흡곤란과 같은 느낌을 주게 된다.

이런 다양한 반응으로 몸이 굳어 스윙이나 테이크 백(백 스트로크)을 할 수 없게 된다. 이때 스윙을 힘으로 억지로 하려다 보면 타이밍이 맞지 않고 갑작스런 스윙으로 실수할 확률이 급격히 높아진다. 숏 게임에서 임팩트 시 극심한 두려움으로 손 떨림 현상이 나타나기도 하고 타이밍과 임팩트가 정상적이지 못해 볼의 출발이 엉뚱한 곳으로 날아가기도 한다. 덮어 치기, 뒷땅 치기, 생크 등과 같이 설명할 수 없고 상상할 수 없는 결과를 초래한다. 한번 발생한 공포감은 기존의 두려움에 쌓여 더 강한 감정을 만들어 더 심한 만용을 유발하여 더 큰 실수를 반복하는 악순환의 구조가 형성된다(그림 8).

이렇듯 몸에서 발생하는 현상을 인식하는 골퍼가 있는가 하면 인

---

30 김세용 (2008).

식하지 못하는 골퍼도 있다. 의식적 기억은 자신이 기억하고 있다는 것을 인지하고 있지만 무의식적 기억은 자신이 기억하고 있는지 인지하지 못한다. 그래서 골퍼는 자신의 불안 원인에 대해 알 수도 있지만 모르는 경우가 많다(기억 형성은 뒤에서 자세히 다루기로 함). 입스는 자신도 모르게 조건이 형성되고 분위기(상황, 신호)만 맞아떨어지면 얼어붙기 반응을 보여 연습 상황과 다른 움직임을 보이거나 자기 신체를 통제하지 못하게 된다.

얼어붙기 반응은 공포 영화에서 쉽게 찾아볼 수 있는 현상이다. 주인공이 살인마나 유령을 마주치면 움직이지 못하거나 도망쳐야 하는 상황인데 머뭇거리고 있다. 위험한 상황에 빠져나와야 하는데 그러지 못한다. 이런 납득하기 힘든 주인공의 행동에서 관객은 불안과 초조함에서 강한 몰입을 느낀다. 이런 현상은 영화의 재미를 높이기 위한 연출이고 또한 모든 유기체가 두려움에 보이는 지극히 정상적인 반응이다. '왜 빨리 일어나서 도망가야지 그러고 있는지', '왜 그곳을 벗어나지 않는지'와 같은 아쉬움 섞인 탄식을 하지만 정작 영화 속 그 상황은 우리에게도 일어날 수 있는 현상이다.

두려움은 크게 세 가지의 방어반응을 일으키며 그 선택에도 규칙이 있다. 우선 포식자가 날 파악하고 나를 쫓아오거나 나를 향해 다가올 때 도주할 길이 있으면 도주를 선택하지만 없으면 얼어붙는다.[31] 또한 방어반응 중 발현 역치가 가장 낮은 것이 얼어붙기이

---

[31] Tolman (1932); Blanchard et al (1976); Blanchard and Blanchard (1988); Bolles and Fanselow (1980); Adams (1979).

다.[32] 두려움과 위협을 느끼면 가장 먼저 나타나는 반응이 얼어붙기라는 것이다. 앞서 이야기했듯이 공포반응의 법칙으로 보면 얼어붙기, 도피, 투쟁이지만 골프 라운드 특성상 도주와 투쟁은 골프 룰과 에티켓에 맞지 않아 사용할 수 없다. 또한 얼어붙기가 다른 반응보다 먼저 나타난다. 두려움을 느낄 때 반응 절차나 골프 특성상 몸이 경직되어 매끄럽지 못한 스윙을 하거나 백스윙이 들리지 않는 현상이 일어날 수 있고 이런 현상은 지극히 정상적인 방어반응 시스템이다. 이런 입스 현상을 겪고 있는 골퍼가 있다면 이는 심리적으로 나약하거나 강한 마음을 먹지 못해 발생되는 것이 아니란 걸 기억하고 자신이나 주위 누구에게나 일어날 수 있는 뇌의 기능이라는 걸 명심하자.

---

[32] Bolles (1970); Bolles and Fanselow (1980); Fanselow (1989); Fanselow (1986); Fanselow and Lester (1988).

02. 두려움 정도에 따라 달라지는 반응

사자가 달려들 때와 들개가 달려들 때의 두려움 크기는 다르다. 그에 따른 반응 역시 다르다.

조건형성의 강도에 따라 강한 반응과 약한 반응을 보인다.[33] 강한 반응의 조건형성은 강한 얼어붙기 반응으로 몸이 경직되어 백스윙이나 스트로크에 어렵게 만들어 실수를 유발한다. 이런 현상은 자신의 의지와 상관없이 조절이 되지 않으며 언제 발생할지 예측할 수도 없어 공포와 당황스러움에 빠지게 한다. 이에 반해 약한 반응은 얼어붙기처럼 강한 반응은 아니지만 정상적으로 진행되는 매끄러운 스윙을 하지 못하는 수준의 반응을 유발한다(그림 9). 약한 반응은 심한 공포감은 아니지만 정상적인 스윙이나 미세하게 조절해야 하는 퍼팅에서 작은 실수나 어색함 정도의 반응으로 나타난다. 이런 반응은 인식하지 못할 정도로 약하기에 자신의 실수가 두려움 반응에서 유발되는지 모르는 경우가 많다. 자각이 이루어지지 않으면 지속적이

---

[33] Rosen (2004).

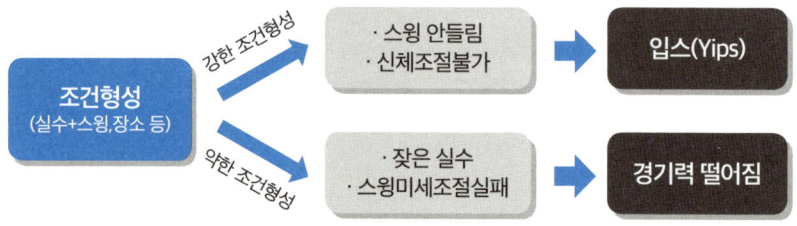

그림 9. 조건형성 강도에 따른 반응

고 반복적으로 실수가 유발하고 이것을 자신의 진짜 실력으로 믿게 만드는 함정이다.

중압감이 없고 편안한 라운딩이나 상황에서는 자신의 진짜 실력을 발휘하는데 반해 중압감이 강한 라운드나 왠지 불안한 라이에서 느끼는 상황은 어딘가 잘 모르겠지만 불편하고 매끄럽지 못해 스윙 실수가 잦다. 그럴 때는 의식적으로 실수의 원인에 대해 생각해 봐야 한다. 내가 혹시 두려움 조건형성에서 발생하는 약한 조건반응으로 실수를 하고 있는 것은 아닌지?', '지금 내 상태가 최상의 상태인지?' 항상 의식하며 확인하고 자신을 뒤돌아보는 태도를 가져야 한다. 약한 불안은 약한 조건형성을 만들고 그 반응으로 인하여 약간의 근경직이 일어남으로 이를 알아차리기 쉽지 않아 올바른 대처가 불가능한 것은 아닌지 자의적 의구심이 필요하다. 이런 의심을 갖지 않으면 자칫 장기간 동안 영향을 받아 실수가 고착화 될 수 있다. 자신의 능력이 아닌 방어반응이 자신의 핸디가 되어버리는 것이다.

강한 조건형성은 그만큼 강한 감정이 발생된 사건(기억)에서 오거나 비슷한 맥락의 사건이 여러 번 발생하면 형성된다. 작은 사건들이 자주 발생하면 강한 기억으로 형성되고 이는 강한 자극을 유발한다. 이렇듯 방어반응 조건형성은 단 한 번의 사건으로도 형성될 수 있고, 또는 여러 사건들의 데미지가 쌓여 형성될 수도 있다.

그리고 의식하지 못할 정도의 약한 반응은 의식하지 못하는 작은 실수를 유발하며 장기간 지속적으로 영향을 줄 수 있다. 뒤에 자세히 다루겠지만 방어반응을 알아차리는 것은 강도에 따라 가능하기에 방어반응이 보이는 신체 변화에 집중하는 것이 알아차림에 효과적이다.

강한 조건형성 예
1. 강한 감정이 이입된 사건으로 강한 조건형성 됨.
2. 같은 맥락의 사건이 여러 번 발생되어 강한 조건형성 됨.

03. 희망의 회상(recall) 작업, 기준을 만들자

부정적 삽화 기억과 싸워 이겨낼 수 있는
긍정적 삽화 기억을 만들자.
그러기 위해 메모하고 회상하는 훈련이 필요하다.

불안은 매끄럽지 못한 샷으로 실수를 유발하거나 극심한 공포감으로 인한 입스와 같은 선천적 방어 반응과 관련된 생리 반응이 발현하는 것이다. 이것은 생존과 관련하여 매우 중요한 대응이다. 이런 공포감이 주는 강도에 따라 방어반응의 강도도 달라진다.[34] 조건형성이 약하면 거기에서 오는 방어반응도 약해 악성 실수를 하지는 않지만 알아차리기가 쉽지 않고, 반대로 강한 반응은 알아차림은 쉽지만 대처하기가 쉽지 않다. 이렇듯 반응의 강도와 상관없이 불안은 수행력에 영향을 준다.

---

[34] Hebb (1949); Magee and Johnston (1997); Bliss and Collingridge (1993); Martin et al (2000); Johansen et al (2010); Kelso et al (1986).

> *강한 반응은 쉽게 알아차림 되지만,*
> *약한 반응은 알아차리기 쉽지 않다.*

　많은 골퍼의 경우 자신의 낮은 수행력 원인을 스윙 문제, 연습 부족 또는 운이 좋지 못해 발생한다고 치부하고 이런 부분을 개선하기 위해 노력한다. 불안 반응으로 실수가 유발되고 스코어에 영향을 준다는 것을 생각하지 못해 잘못된 접근을 하는 경우가 많다. 불안의 조건형성과 신체 반응을 자각하기 위해서는 우선 불안과 방어반응에 대한 이해와 몸에서 일어나는 변화를 알아차리기 위해 자신의 내면에 주의를 기울여야 한다. 내면에 주의를 기울인다는 것은 자신의 상태(신체적, 생리적 지표)를 지속적으로 관찰하는 것을 뜻한다. 골프 필드처럼 외부에서 경기를 할 때 내면에 주의를 두는 것은 말처럼 쉽지 않다. 샷 만드는 과정(shot process)에서 주의를 동원해 내면을 살피는 과정을 만들고 그 효과에 대한 교육과 연습을 통해 언제 어디서나 사용할 수 있는 기초를 다지는 것이 중요하다.

　자신의 부정적 감정이 실수를 유발할 거라는 생각과 이를 받아들이는 수용은 쉽지 않다. 하지만 골프는 상당히 세밀한 운동이기에 아주 작은 부분이라도 원활하지 않는다면 실수를 유발하기에는 충분한 이유가 된다. 이런 작은 부분이 스코어에 부적 영향을 주고 이를 대처하기 위해 알아차림 하는 것은 의식의 전환이 필요하다.

　이런 공포 조건형성에 대처할 방법으로 성공의 기억을 저장하여 되뇌이는 전략을 사용할 수 있다. 실수나 부적 정서가 삽입된 상황이나 환경, 클럽 등 비슷한 맥락이나 신호는 방어반응을 유발한다. 같은 조건형성 전략으로 성공했던 샷의 감각 정보를 기입하고 이를 주기적으로 떠올리는 훈련을 통해 부정적인 기억을 긍정적인 기억으로 전환시키는 전략이다. 성공적 수행의 조건형성을 활성화하는 방법으로는 성공적인 샷에서 발생되는 다양한 감각을 이용하여 기억하는 것이다. 메모나 일지에 촉각, 청각, 시각 등 다양하고 여러 감각을 동원하여 기입하고 중요한 라운드나 시합이 있을 때 기입한 메모를 보며 실재 샷이 이루어지는 속도와 시간 등을 떠올리는 것이다. 이런 훈련은 부정적 수행의 조건형성과 대처할 수 있는 자신감과 긍정적 기술상을 만든다. 향후에는 부정적 조건형성을 뛰어 넘어 긍정적 조건형성으로 더 강한 조건반응을 일으켜 자신감을 향상시키는 목적으로 사용할 수 있다.

성공적인 수행을 위해서는 두려운 상황(실수한 기억이 있는 상황)에서 방어반응을 제거하고 매끄러운 수행을 해야 한다. 그러기 위해서는 방어반응인 얼어붙기를 효과적으로 대처해야 성공적 수행을 할 수 있다. 매끄러운 샷을 해야 하는데 얼어붙어 있으면 어떤 행위도 할 수 없다.[35] 이런 행위를 '얼어붙기 제거 행동'이라고 명명한다.

> **얼어붙기 제거 행동**
> - 매끄러운 스윙을 위한 얼어붙기 반응에 대처하는 행동과 인지과정.

---

[35] Miller (1948); McAllister and McAllister (1971); Mineka (1979); Moscarello and LeDoux (2013); Choi et al (2010)' Cain and LeDoux (2007); LeDoux et al (2009); Cain et al (2010); Cain and LeDoux (2008).

얼어붙기 제거 행동은 근육이 긴장하는 것을 자각(perception)하여 이완시키는 행위이다. 또한 좋은 샷에서 느꼈던 신체 표지(somatic marker)의 기준을 되뇌이며 찾아가는 행위이다. 좋은 샷에서 느꼈던 신체의 감각정보를 신체 표지(somatic marker)라고 하며 이것이 기준이 되어 지금 자신에게 필요한 느낌을 찾아가는 방법이다. 이런 과정을 통해 자신이 원하는 신체 기준 상태가 되면 정서가 유발되는데 이것이 바로 자신감(self-confidence)이다. 자신의 내부에 있는 신체 표지 정보를 기준으로 모방이 될 때 긍정 정서인 자신감을 느끼게 된다. 이런 목적으로 샷 만드는 과정(shot process)에서 의식을 자신의 신체 표지에 두고 탐색하고 정확한 모방이 될 때 성공 수행을 경험한다.

성공 결과의 획득은 뇌에 저장되어 같은 상황에서 같은 행동을 시도할 것이다. 신체 표지에 집중하고 자신이 원하는 동작의 느낌을 받아 자신감이 향상되어 좋은 퍼포먼스를 했다면 다음에도 같은 전략을 사용하여 방어반응에 대처할 것이다. 성공 결과를 이끌어주는 새로운 반응을 학습하고 의식적 행위로 사용가능한 것을 도구적 반응이라 한다. 동물이 새로운 도구적 행동을 학습하는 능력 덕분에 위험 상황에서 많은 선택지를 갖게 되어 오늘날까지 살아남을 수 있는 것과 같다. 불안 제거의 방법으로 도구적 학습을 사용하여 결과에 영향을 준다. 목표지향적인 도구적 학습을 반응-결과(response-outcome, R-O) 학습이라 부른다.[36] 드라이버 샷에서 많은 OB를 냈

---

[36] Balleine and Dickinson (1998); Cardinal et al (2002).

어도 얼어붙기 제거 행동을 통해 스윙이 매끄러워져 멋진 샷과 좋은 결과를 얻을 수 있다. 그래서 조건형성된 비슷한 상황에서 어떤 과정을 통해 얼어붙기 반응을 제거할 수 있는지 탐색하고 인지하여 능동적 대처가 가능해지는 것을 배우는 것이 반응-결과 학습이다.

이런 얼어붙기 제거 행동은 공포 조건형성의 강도에 상관없이 모두 효과적이다. 공포 상태를 끌어내리는 도구적 단계를 형성함으로써 보다 이상적인 상태에서 샷을 할 수 있다.

입스의 원인은 공포 조건형성에서 발생.
얼어붙기 제거 행동을 통해 대처하자.

이전의 실수에 대한 기억, 실패한 경험, 마음 속 상처(트라우마)가 된 상황 등과 같이 자신에게 큰 실수나 실패한 경험이 공포 조건형성되어 자신을 괴롭힌다.

실수의 경험이 자신을 두렵게 만들어 얼어붙기 반응으로 나타나 입스나 매끄럽지 못한 스윙 등 잦은 실수를 유발한다. 효율적인 대처의 시작은 자신이 공포를 느끼고 있는 것과 신체가 얼어붙기 반응을 나타내는지 자각하는 것이다. 자각하면 어떻게든 도구적 단계인 얼어붙기 제거 행동을 통해 자신의 최상 상태 기준을 찾아갈 수 있다. 제거 행동을 취하여 최상의 몸 상태를 만들어 진짜 실력을 발휘할 수 있는 조건은 5장에서 자세히 다루겠다.

자신의 입스나 매끄러운 스윙을 방해하는 원인이 되는 사건과 감정, 느낌 등을 회상하며 메모해 보자. 이런 객관적인 평가가 자신의 공포 조건형성을 인지하는 첫 걸음이다.

여기서 잠깐! 내 골프 생각해 보기

- 나에게 얼어붙기 반응이나 비슷한 현상이 일어난 시기는 언제인가?
  (입스, 잦은 실수 등)
  _____년 _____월 _____일 ~ _____년 _____월 _____일 (_____개월 동안)

- 어떤 상황에서 발생했는가?
  _____
  _____
  _____

- 어떤 현상이나 반응이 발생하였는가?
  _____
  _____
  _____

- 그 상황에서 공포가 발생한 까닭은 무엇일까?(이전 실수, 공포, 낙담 등)
  _____
  _____
  _____

- 그 상황에서 어떤 마음과 어떤 감정이 들었는가?
  _____
  _____
  _____

04. 언제나 되살아날 수 있는 입스

강한 공포 조건형성의 입스,
얼어붙기 제거 행동으로 대처할 수 있다.
하지만 언제든지 다시 되살아날 수 있는 입스

   입스는 누구에게나 나타날 수 있는 현상이다. 일종의 학습에 의한 반응이고 생존 본능이다. 입스 반응이나 스윙이 매끄럽지 못한 원인은 근육의 경직에서부터 시작된다. 공포 조건형성이 되어 있지 않은 코스 즉, 이전 기억이 없는 처음 돌아보는 코스나 상대적으로 편안하게 느껴지는 코스에서는 자신의 기량을 마음껏 발휘할 수 있지만 공포 기억이 있거나 신호를 느끼면 상황이 달라진다. 이런 조절할 수 없는 외부 자극에 의해 경기력이 결정된다면 스트레스 요인이 되기도 하며 골프 매력을 저해시킨다. 입스가 발생하여 자신의 기량에 영향을 받는 것은 노력에 비례한 결과를 제공받지 못해 공정하고 정직하지 못한 스포츠로 전락한다. 연습 부족, 스윙 오류 등에서 발생하는 실수나 어색함은 이해하고 수용할 수 있지만 의식되지도 않고 조절할 수도 없는 기억 때문에 영향을 받는 건 너무 고통스럽다. 자신의 의도적 행위에서 발생하는 것이 아니라 선천적이고 순수한 본능에 의해 발생하기에 예측할 수도 없고 대처도 쉽지 않다.

현재 입스로 힘들어하거나 이전 경험이 있었다면 앞서 부정 삽화 기억을 기입하는 양식에 자신의 경험을 기재하여 자신을 뒤돌아보며 그런 사건에 대한 알아차림 하기를 바란다. 물론 의식적으로 기억이 나지 않을 수도 있지만 작은 부분이라도 기억난다면 거기까지만 기입하며 자신을 이해하고 성찰하는 시간을 갖는 것이 중요하다. 이전까지 몰랐던 자신의 기억 저 편의 사건을 알아차림 하는 순간 어떤 울림이나 작은 충격을 느낄 수도 있다. 그렇게 자신의 기억을 들여다보는 시간을 가져보지 않았기에 정서적 영향이 큰 사건이 자신의 내면 한 구석에 있는 것을 알아차리는 순간 자신에 대한 이해와 연민으로 마음의 울림이 생길 수 있다. 이렇게 의식하지 못했던 불편한 기억과 괴로웠던 사건에서 마음은 불편하고 힘들었다. 이제 자신에 대해 알아차림 했고 행위적인 대처방법(얼어붙기 제거 행동, 5장에서 자세히 다룰 예정)을 통해 성공적인 샷이 많아지면 공포 조건형성은 사라진다. 이것을 소거(extinction)라 한다.

소거 = 공포 조건형성 반응의 빈도가 낮아져 사라지는 현상

소거는 조건자극(특정 홀, 티샷, 드라이버 샷)에 조건반응(얼어붙기 반응으로 인한 OB, 입스 등)이 점차 감소하다 더 이상 공포 조건반응이 일어나지 않는 현상이다.[37] 입스처럼 드라이버 샷에 공포를

---

[37] 양돈규 (2013).

느끼면서 실수를 하던 골퍼가 부정적 기억에 대한 자각과 얼어붙기 제거 행동을 통해 드라이버가 더 이상 OB 나지 않고 잘 이루어지는 경험을 하면 드라이버 샷에서 얼어붙기 반응(입스, 경직)의 강도가 낮아지고 결국 사라지게 된다.[38] 이런 과정을 통해 입스는 제거된다. 하지만 정확히 말해서는 입스가 사라진 것이 아니라 드라이버를 잡으면 더 이상 OB 날 것 같은 예감이 들지 않는 걸 학습하는 것으로 '조건자극(드라이버)-조건반응(얼어붙기) 부재' 공식이다. 결국 이것 역시 학습의 과정으로 공포 조건형성을 성공 조건형성으로 덮는 것이다. 기존에 있던 공포 조건형성이 사라지는 것이 아니라 성공적 샷의 조건형성 된 학습이 하나 더 생긴 것이다.

  하지만 이런 소거에 문제가 있다. 바로 얼어붙기 현상인 입스가 언제든지 다시 회복될 수 있다는 것이다. 소거가 사라지고 기존의 공포 조건형성에 또 반응할 수 있다. 시간이 흘러 공포 조건형성이 일어났던 장소(맥락)을 다시 찾거나, 재경험(다시 OB가 발생), 통증, 스트레스 등 다양한 요인으로 입스는 되살아날 수 있다.[39] 이것을 '소거로부터 회복'이라 한다.

드라이버 + OB 발생 = 공포 조건 형성(입스)
드라이버 + 성공적인 샷 = 소거 학습(입스 사라짐)
드라이버 + 다시 OB 발생 + 소거로부터 회복(재입스)

---

[38] Pavlov (1927); Myers and Davis (2002); Milad and Quirk (2012); Bouton (2002); Sotres-Bayo et al (2004, 2006).
[39] Jacobs and Nadel (1985); Bouton (1993, 2002, 2004); Bouton et al (2006).

그래서 입스를 경험했던 골퍼는 골프채를 잠시 잡지 않거나, 마음(성취욕구)을 내려놓거나, 입스를 이겨내기 위해 더 혹독한 연습을 하는 등 다양한 방법으로 대처하다 어느 순간(정확히 알 수는 없지만), 어떤 계기를 통해 입스에서 빠져 나올 수 있다(소거). 하지만 이렇게 빠져나왔다고 하더라도 강한 부정 기억이 있거나, 입스를 경험했을 때와 비슷한 현상이 자주 발생하면 다시 입스를 겪을 수 있는 것이다.[40] 입스는 어느 순간 사라질 수 있지만 제거된 것이 아닌 조건적으로 입스가 나오지 않는 학습을 한 것뿐이다. 반대로 여러 가지 조건이 맞으면 언제든지 다시 입스는 나타날 수 있다는 걸 명심하고 심리상태와 불안을 철저히 관리해야 한다.

---

[40] Wolpe (1969); Rachman (1967); Eysenck (1987); Kazdin and Wilson (1978); Hofmann et al (2013); Beck (1991); Foa (2011); Marks and Tobena (1990); Barlow (1990); Barlow (2002).

05. 초보자에게는 잘 발생되지 않는 입스

<u>프로골퍼, 상급자에게만 발생하는 입스</u>
<u>그 원인은 감정과 기억 시스템에 있다.</u>

앞 장에서 입스가 무엇이며 어떤 해결 방법이 있는지 신경생리학적 접근을 통해 이해했다. 입스는 모든 골퍼에게 발생되는 현상은 아니지만 특정 조건이 형성되는 상황에서 발생한다. 이런 조건을 이해하면 미리 예측하여 예방할 수 있고 보다 적극적으로 대처방법을 찾아 적용할 것이다. 입스에 대한 분석은 골퍼 자신이 인식하고 대처할 가이드라인을 제시한다.

입스는 모든 골퍼에게 발생하지는 않는다. 더 정확히 말하면 프로골퍼나 상급자 골퍼 정도가 입스를 경험할 확률이 높다. 그 이유는 수준급 수행력은 실수 오차범위가 크지 않고 실수를 하더라도 어느 정도 예측 가능하기 때문이다. 자신의 행위를 예측할 수 있다는 것은 심리적 안정성을 얻는 중요한 요인이다. 하지만 이런 예측과는 다른 실수를 하거나 생각지 않은 실수를 할 때는 반비례로 강한 감정이 발생된다. 수행력이 좋다는 것은 결과의 오차범위가 적어 심리적 안정성이 높다는 것인데 생각지 못한 실수는 이런 안정성을 깨뜨린다. 여기에서 오는 심리적 데미지는 고스란히 강한 감정을 유발한다. 낮은 핸디캡 골퍼와 높은 핸디캡 골퍼가 같은 실수를 하더라도 발생하는 감정의 크기는 다른 이유이다. 상대적으로 낮은 핸디를 갖고 있는 골퍼가 더 큰 충격을 받는다. 또 다른 하나는 골프 수행에 대한 욕구와 성취기대의 차이이다. 이 성취기대란 '특정한 목표를 이루기 위해 행하는 수행에 대한 기대'[41]로 모든 골퍼가 골프를 잘하고 싶은 마음은 같겠지만 기대하는 마음이나 목표의 높이가 다를 것이다. 낮은 핸디캡의 골퍼는 결과지향적인 욕구를 보일 것이다. 멋진 샷, 좋은 샷, 낮은 스코어처럼 결과에 치중하며 목표 설정을 결과에 두는 경우가 많다. 따라서 결과지향적인 목표가 이루어지지 않을 때 더 강한 감정을 유발한다. 샷이나 수행력이 향상될 때 골프의 관점이 성장에 대한 과정 중심에서 결과 중심으로 변한다. 스코어에 대한 기대가 크면 클수록 상실에서 오는 반감 역시 크기에 강한 부정 삽화 기억을 만들고, 이는 강한 공포 조건형성을 이루어 입스 현상을 유발할 가능성이 높아진다.

처음 골프를 배우기 시작하여 시간과 커리어가 쌓일수록 일정 수준 수행력도 향상된다. 자신의 기량이 향상됨을 느끼고 자각할수록 스코어에 대한 욕심이 생긴다. 최고 점수를 내겠다는 마음, 동반자 중 가장 잘 치고 싶은 마음, 자신의 기량을 보여주고 싶은 인정 욕구 등 이런 성취기대로 라운드가 기다려지고 설레면서 골프가 즐거워

---

[41] 양돈규 (2013).

진다. 골프에 대한 의욕과 높은 동기는 강한 정서 상태를 만들고 반대로 상실을 느낄 때 그만큼의 감정 이입이 발생한다.

기대가 큰 만큼 설레어 강한 정서를 유발한다. 성취욕이 높다는 것은 욕구가 강한 것이고 좋지 않은 결과에 상실과 낙심을 경험한다. 높은 동기부여가 깨졌을 때 강한 감정을 느낀다. 이런 감정과 관점은 자신이 원하는 것 즉, 유능(스코어)과 인정(동반자의 감탄) 같은 결과에 초점을 둔다. 이런 강한 부적 감정은 다른 여러 과정이나 배경은 잊어버리고 오로지 상심과 낙심이 결부된 실수한 샷만 기억하게 하는 경향이 있다.[42] 또한 강한 정서는 각인 효과를 일으켜 시간이 지나도 지워지지 않고 오래 기억에 남는다.[43] 이렇게 강한 정서를 포함한 강한 기억형성에 영향을 주는 현상을 섬광기억(flashbulb memory)이라고 하고[44] 이런 섬광기억은 불안장애의 원인이 된다.

강한 정서적 사건은
시간이 흘러도 기억에 오래 남는 섬광기억으로 각인된다.

강한 각인은 강한 조건형성을 일으켜 장시간 골퍼를 괴롭힌다. 섬광기억으로 저장된 기억은 시간이 흐른 뒤 비슷한 맥락이나 조건에 따라 공포반응을 유발해 입스나 매끄럽지 못한 스윙이 발생해 수행력을 떨어뜨리는 주된 원인이 된다.

이런 방어반응과 무관한 골퍼는 바로 골프에 처음 입문한 사람이

---

[42] Adolphs, Denburg, and Tranel (2001)
[43] Bradley et al (1992).
[44] MacKay and Ahmetzanov (2005).

다. 스코어에 대한 기대보다는 골프라는 스포츠를 처음 배우는 입장에서 미숙한 스윙으로 많은 실수를 하더라도 강한 감정을 유발되지 않는다. 결과지향적 관점으로 만족할 만한 스코어나 입상을 바라지 않는 사람에게는 실수는 단순히 배우는 과정의 일부분으로 받아들인다. 감정을 덜 싣고 감정이 덜 유발된다. 이런 구조는 부정적 정서에서 오는 방어반응으로 수행력을 방해하기보다는 스윙이나 생각해야 하는 부분이 많아 발생하는 '분석 마비'에 더 조심해야 한다. 자신의 실력은 아직 많이 부족하다는 생각에서 골프 그 자체를 배우는 초보자에게는 입스나 공포 조건형성은 더 먼 미래의 이야기다. 이런 방어반응에 조심해야 하는 시기는 골프를 좀 알아가고 있고, 스코어에 기대를 갖는 단계이다. 기대감과 성장을 바라는 마음에서부터 부정적 정서가 유발할 수 있는 구조가 성립되기 때문이다.

결국 공포 조건형성이나 입스는 얼마나 강한 성취기대와 욕구를 내포하고 있느냐에 따라 발동에 영향을 준다. 주관적인 성취기대나 성장욕구에 영향을 받을 수도 있고 외부적으로는 동반 플레이어로 인해 내키지 않은 내기를 할 때, 부모님의 기대가 큰 경우 이런 외부 자극에서 오는 중압감 등으로 감정이 유발될 수도 있다. 핸디캡의 높낮음을 떠나 수행에 앞선 기대나 욕심에서 부정적인 감정이 유발될 수 있음을 유념하여 자신이 할 수 있는 과정에 집중하고 적절한 목표를 설정하는 것이 감정 유발이나 부적 조건형성, 입스를 예방할 수 있다.

06. 어떤 기억이 불안을 만드는가?

<u>수많은 실수와 부정적 감정이 불안과 공포반응을 일으킨다.
그것은 자신도 모르는 무의식 속 기억이 만들어낸 산물이다.</u>

골프를 하며 얼마나 많은 경험을 하는가? 그것도 실수나 실패, 낙담, 분노와 같은 감정을 일으키는 경험을 말이다. 우리 삶에 영향을 주는 기억은 주로 부정적인 기억이고 그 영향이 골프 경기력에 악영향을 주는 것처럼 삶과 골프 중심에는 기억이 있다.

기억은 의미 기억과 일화 기억으로 나눈다. 의미 기억은 사건이나 상황에 관한, 나와 개인적인 관련이 없는 지식에 대한 기억으로 지식, 정보를 일컫는다. 일화 기억은 '나'와 개인적인 관련이 있는 사건, 일, 경험 등의 기억이다.[45]

의미 기억과 일화 기억은 모두 외현(explicit) 기억 또는 서술(declarative) 기억이라고 한다.[46] 외현 기억은 본인이 의식적으로 뭔

---

[45] Tulving (1972, 1983, 2002, 2005).
[46] Schacter (1985); Squire (1987, 1992).

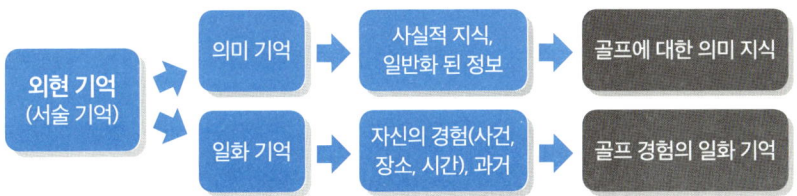

그림 10. 외현 기억의 종류와 기능

가를 알고 있다는 자각 경험의 기억이고, 나중에 의식적 자각으로 가져올 수 있게 저장된 기억이다.[47] 외현 기억은 말로 설명할 수 있어 언제라도 필요에 의해 이야기하고 떠올릴 수 있으며 자신이 알고 있음을 느끼는 기억이다.

외현 기억
- 자신이 의식적으로 뭔가 알고 있는 지식,
기억으로 의미 기억과 일화 기억이 있다.

외현 기억 속 일화 기억은 일어난 사건, 공간, 시간적 정보를 포함한다. 그리고 예전 기억을 회상하여 자신의 과거를 기억할 수 있다.[48] 즉 일화 기억은 멋있는 드라이버 샷을 어디에서 누구랑 라운드하며 경험했는지 기억하고 드라이버 샷에 대한 느낌을 이야기할 수 있는 기억이다.

---

[47] Tulving (1989); Schacter (1985); Squire (1987, 1992).
[48] Tulving (2002, 2005); Suddendorf and Corbalis (2010).

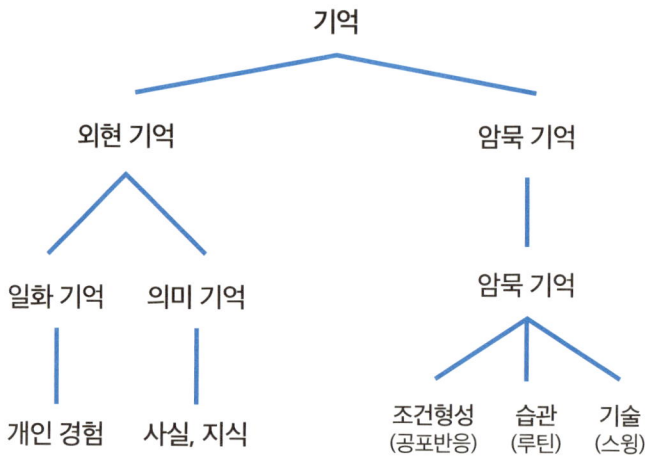

그림 11. 외현 기억과 암묵 기억 연결 과정

의식적 기억과 함께 무의식적 기억도 존재한다. 이를 암묵적 기억(implicit memory)이라 하고 기억이 저장되고 인출하는데 의식을 사용하지 않는 기억이다. 이런 기억은 대개 이야기하거나 자각하는 것보다는 행동(생리)으로 반응한다.

우리의 기억은 대부분 암묵적 기억으로 형성되어 있다. 골프 스윙이나 퍼터 같이 학습한 기술을 수행하는 일 역시 암묵 기억에 저장될 가능성이 높다. 이런 기술들은 말로 설명할 수는 있지만 그 기억이 스윙을 할 수 있게 하지는 못한다. 스윙을 배우는 상대방도 그 설명을 듣고 본인이 느껴야 스윙을 할 수 있는 것과 같다. 이렇듯 암묵 기억은 무의식적으로 기억되고 학습되는 것에 영향을 준다. 대표적으로 조건형성(공포반응), 습관(루틴), 기술(스윙)도 이에 해당된다 (그림 11).

이런 암묵 기억은 자신이 기억의 형성, 저장, 인출 등 인식적인 접근이 필요 없다. 무의식 상태에서 자동적으로(순식간에) 촉발되고 의식으로부터 감춰져 있다. 10m 퍼팅에서 홀컵 뒤 심한 내리막 경사라면 자신도 모르게 이성적으로 판단한 것보다 약한 스트로크로 홀컵 앞에 멈추는 퍼팅을 할 확률이 높다. 이런 결과에 영향을 주는 것이 바로 암묵 기억 시스템이다. 이런 반응은 의식적일 필요가 없고 무의식적이고 즉각적으로 이루어진다. 어떤 공포든 즉각적인 반응과 대처가 중요하지 인식하고 분석하여 평가하는 것은 그 다음 문제이다. 오솔길을 걷다 뱀 모양과 길이가 비슷한 나뭇가지가 발 밑에 있다면 즉각적으로 놀라고 도망가는 반응을 보인다. 뱀의 공격거리로부터 일정거리를 유지하고 안전이 확보됐다고 느끼면 그때서야 그 물체가 정확히 무엇인지 살피는 것과 같은 시스템이다. 뱀과 비슷한 물체의 모습이 입력되면 분석하고 평가하기에 앞서 뱀 비슷한 물체를 지각하는 순간 즉각적으로 도망가는 반응을 보이고 안전해져야 이성적인 분석과 평가가 가능해진다.

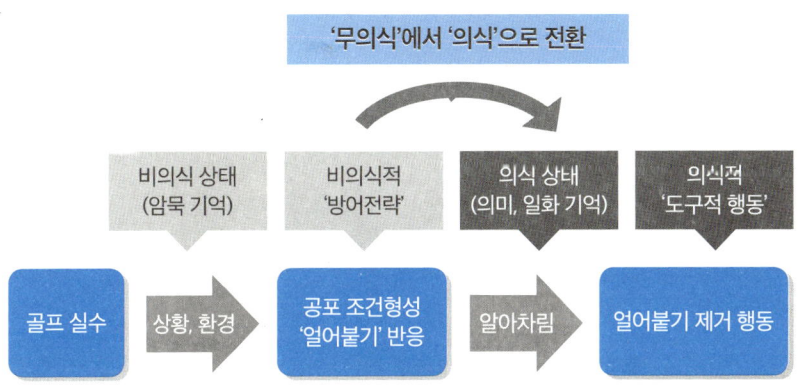

그림 12. 의식 상태에 따른 얼어붙기 반응과 제거 행동 절차

샷을 준비하는데 공포반응이 나타난다면 이런 자신의 상태를 자각하는 것은 중요하다. 필드 현장에서 의식적으로 공포반응이 일어난다는 걸 알 수 없고 무의식에서 즉각적으로 나타난다. 또한 이런 공포반응은 맥락과 신호에 따라 지속적으로 불편함과 매끄럽지 못한 스윙을 만들어 실수를 유발한다. 그래서 공포반응이 유발하는 신체자극을 자각하는 것은 대처 가능 여부에 중요한 단서이다. 무의식에서 두려움을 인지하면 의식적으로 알 수 없지만 행동이나 생리적 반응은 나타나기 때문이다. 공포 조건형성이 만들어내는 대표 생리 변화는 심장 박동수 증가와 얼어붙기 반응이다. 이런 반응을 알아차릴 수 있다면 보다 효율적인 대처가 가능하다. 그림 12와 같이 자신이 공포반응을 보이고 있는 것을 알아차림 하는 순간 더 이상 암묵 기억 시스템이 아닌 의식 상태로 전환된다. 자신의 암묵적 기억을 의식하는 것이 아닌 암묵적 기억이 만들어내는 공포반응을 의식하는 것이다. 자신에게 공포반응이 일어나고 있다는 사실을 인지하며 일화적 사실로 변환되어 이때부터 적극적 대처가 가능해진다.

이때 사용하는 방법이 '얼어붙기 제거 행동'으로 자신이 얼어붙기 반응을 보이고 있다는 사실을 알아차림(의식 상태)하면서 무의식에서 의식으로 전환되고 이를 토대로 의식적 대처 행동이 가능해진다. 이렇게 근경직이나 위험에서 벗어나기 위해 하는 행동을 '도구적 행동'이라 한다. 여기서 핵심은 무의식적 방어 전략인 얼어붙기 반응을 스스로 느끼고 찾아내는데 있다. 자신의 몸에서 발생하는 무의식적 생리 변화를 의식적 알아차림 하여 느끼는 것이 뒤의 얼어붙기 제거 행동의 중요한 발현 시점이다.

07. 일단 얼어붙어 보고, 생각하자

<u>두려울 땐 일단 얼어붙어 보자.</u>
<u>그리고 정보를 수집하여 어떤 행동을 할지 결정하자.</u>

　필드에서는 샷(스트로크)을 하지 않고 18홀을 마치는 방법은 없다. 1번 홀부터 18번 홀까지 몇 번의 샷이 되었건 모든 홀을 마쳐야 끝낼 수 있다. 극심한 불안 상태에서도 샷을 해야 하는 이유가 여기에 있다. 그렇다고 샷이 불안하다고 해서 불안이 사라질 때까지 기다릴 수 있는 것도 아니다. 시간제한으로 기다릴 수도 없고 기다린다고 사라지는 불안도 아니기 때문이다. 자신의 의식여부와 상관없이 부정 삽화기억은 불안을 유발하고 단편적 섬광 기억으로 몸을 경직과 이상 행동을 일으킨다.
　두려운 상황의 자극을 받으면 나도 모르게 불안감을 느끼고 방어반응을 일으킨다. 이런 방어반응은 샷을 준비하는 동안 잘 대처하면 괜찮을 거라고 생각하지만 그렇게 생각처럼 쉽지 않다. 불안은 예고하지 않고 불현듯 찾아오고 또한 골퍼에게 불안은 자신이 왔다고 알려주지도 않을 때가 더 많다. 그래서 앞서 생리적 방어반응(심박수,

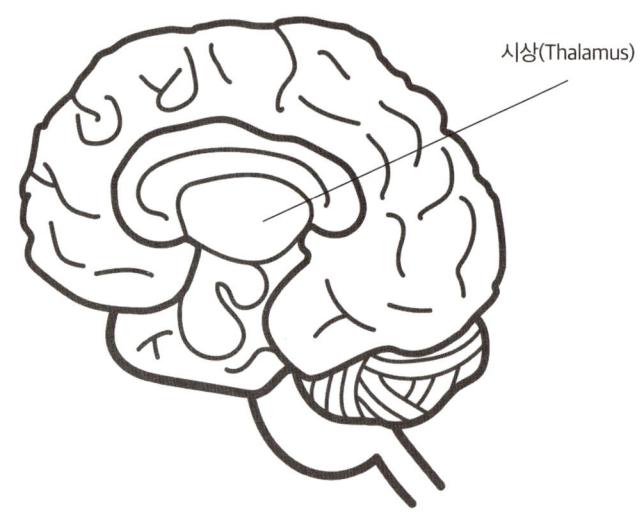

그림 13. 시상의 위치와 구조

근경직)을 알아차리는 것이 매우 중요하다.

 인간은 다른 동물보다 체중당 가장 큰 뇌와 가장 깊은 사고(deep thinking)를 하고 있는데도 불안에 적절한 대처를 하지 못하는 걸 보면 참 아이러니하다. 볼, 목표물, 환경, 라이 어떤 것 하나 변화지 않고 고정된 환경에 있는데 왜 우리는 불안해하고 속수무책으로 당하고만 있는 걸까? 많은 골퍼가 의문을 갖지만 쉽지 않은 문제이고 실재로 이 감정 때문에 많은 실수를 하고 타수를 잃는다. 불안이 발생되는 이유는 편도(amygdala)가 상황, 환경, 장애물 등의 외부 감각(정보)에 의해 위협 처리 회로를 활성화하여 공포반응을 만들기 때문이다.

 뇌는 외부에서 들어오는 감각정보를 처리하는 경로가 두 가지 있다.[49] 하나는 외부의 감각자극이 시상(thalamus)으로 들어와 바로 편도로 가는 빠른 경로로 정보수집, 분석, 평가 등의 인지과정이 없는 즉각적 반응을 보이는 경로이고, 다른 하나는 감각자극이 시상으로 들어와 대뇌피질을 거쳐 편도로 가는 느린 경로로 정보수집, 분석, 평가 등의 인지과정을 거치는 경로이다.

· 시상(Thalamus)

대뇌 안쪽 중심부에 위치해 있으며, 통합 중추로서 대뇌피질에 전달되는 주요 감각계의 최종 중계소이다. 시각, 청각 및 촉감의 감각은 시상을 거쳐 대뇌피질에 전달되며, 운동신호의 중계, 의식, 수면 등의 조절에 대한 모든 감각 신경이 이동하는 통로가 이곳에 모였다가 해당 감각 피질로 전달된다. 감각 흥분과 지각 운동에 있어 중요한 역할을 한다(그림 13).

시상에서 바로 편도로 가는 경로는 대뇌피질을 거치는 경로보다 짧고 빠른 반응을 보인다. 하지만 시상은 정보를 명확히 구분하지 못하고 보이는 그대로 편도로 전달할 뿐이다. 시상에서 편도로 넘어가는 경우 쥐의 뇌에서는 12밀리세컨드(1000분의 12초)가 걸리고, 대뇌피질 경우는 거의 2배 더 걸린다. 즉, 위험한 상황에 대해 정확한 정보를 전달하는 것이 아니라 무언가 위험한 것이 있다고 경고하는 신호를 빠르게 전달할 뿐이다. 시상은 이렇게 정보를 빠르게 전달하지만 대략적으로 처리하는 시스템이다.

편도는 정서 반응을 담당하는 기관이기에 분석·평가가 이루어

---

49 LeDoux (1984).

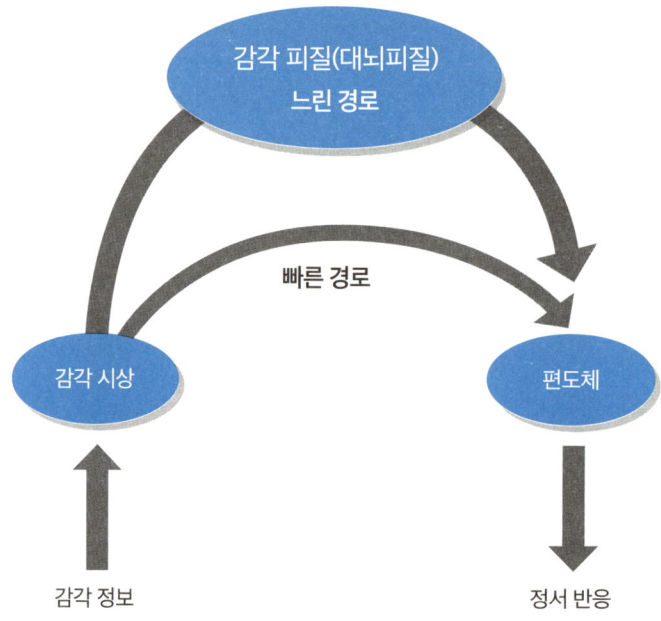

그림 14. 편도체로 가는 빠른 반응과 느린 반응

지지 않는다. 비슷하게 보이는 사물이나 대상에게 정서(놀람, 도망 등 생리적 반응)를 나타낼 뿐이다. 그리고 대뇌피질(특히 전두엽, frontal lobe)에서 생각하고 분석하여 두려워해야하는 대상인지, 두려워하지 않아도 되는 대상인지 판단한다. 앞서 예를 들었듯이 오솔길에서 떨어진 나뭇가지를 보고 놀라는 이유가 뱀과 비슷하게 생긴 나뭇가지를 보았기 때문에 시상에서 편도로 즉시 전달하여 자극의 자동적 정서 반응(놀람)을 보이는 것이다.[50] 그리고 안전을 확보한 후 정말 뱀인지? 아닌지? 뱀이면 독사인지? 아닌지를 분석·평가는 시간

---

50 LeDoux (1998).

을 갖는다. 우선 나뭇가지를 보고 놀라서 뒤로 피하고 난 후 안전해지면 저 뱀처럼 보이는 물체가 무엇인지 생각하는 것이다(그림 14). 이렇듯 편도는 비의식적 처리로 방어반응을 일으키고 대뇌피질의 인지시스템은 공포라는 의식적 느낌을 만든다.

 필드에서 발생하는 정서 시스템 역시 동일하게 작동한다. 샷을 준비하는 처음부터 방어반응이 나타날 수도 있지만 그렇지 않을 수도 있다. 샷 준비하는 과정에서는 어떤 방어반응도 느끼지 못하였어도 어드레스에 들어가 준비를 하는 과정으로 목표를 응시하는 순간 방어반응이 일어날 수도 있다. 또한 샷 직전이나 스윙 도중에 섬광 기억으로 단편적 기억이 떠올라 발생할 수도 있다. 무의식적으로 몸이 경직되고 맥박수가 증가하며 호흡이 급해질 수 있다. 샷을 준비하는 과정에서는 인지·행동 작업에 집중하여 자신의 내적의 상태에 집중하지 못하거나 주의를 기울일 틈이 없다가 상대적으로 인지 여유가 있는 샷 직전이나 스윙하는 순간 단편적 기억 등으로 정서와 방어반응을 유발한다.

 또한 목표를 바라보는 시각에 따라서도 달라진다. 삽화기억이라는 것은 맥락이나 신호가 비슷한 상황에서 작동한다. 볼 뒤에서 준비하며 바라보는 시각은 실재 어드레스에서 보이는 시각은 다르다. 이는 방어반응의 작동에 있어 맥락이나 신호 조건형성에 다른 시각에서 보다 실재 샷이 이루어지는 시각에서 발생하는 부정 삽화기억이 떠오를 수 있다. 이렇게 준비과정에서는 방어반응이 발생되지 않다가 샷이 이루어지는 순간 근경직이나, 공포감처럼 불편함을 느낄 때 우리에게 대처할 수 있는 방법은 거의 없다.

샷을 준비할 때와 실재 어드레스에서는 눈의 위치와 각도, 신체의 구도가 다르고 인지적으로는 긴장도와 집중 등이 다르기에 같은 반응을 보이지 않는다. 뇌의 방어반응은 맥락이 같다고 생각되면 학습된 유발자극을 발현하는 시스템이다. 볼 뒤에서 바라보던 시각에서는 그 어떤 감정과 사건을 느낄 수 없기에 실질적인 구도인 어드레스 형태에서 미리 봐준다면 보다 더 맥락적, 신호적 방어반응을 유추할 수 있고 변별할 수 있다. 이것을 '미리보기'라고 하고 이 미리보기를 통해 샷을 준비하는 과정에서 신체·생리 변화에 주의를 기울일 시간과 여유를 제공할 수 있다.

08. 부정적 기억을 넘어 트라우마 형성

<u>골프 경험에 강한 감정 이입. 트라우마로 형성되는 기억.
트라우마로부터 살아남기 위한 생존 회로 활성화.</u>

　심리적 외상(trauma, 이하 외상)은 전쟁이나 심한 폭행을 당하는 것과 같이 충격적이었던 사건 경험을 통해 받은 심한 정신적 상처 또는 충격으로[51] 지속적인 파급효과를 내는 정서적 쇼크이다.[52]
　골프 입스나 방어반응의 촉진을 야기하는 주요 원인으로 외상(트라우마)은 자주 거론된다. 그 이유는 골프의 부정적 경험이 심리적 상처로서 지속적인 파급효과를 미치기 때문이다. 이때 지속적인 파급효과라는 것은 심리·생리적인 의미 모두를 말한다.[53]

---

[51] 양돈규 (2009).
[52] Simon and Schuster (1979).
[53] Allen (2010).

> **외상(Trauma)**
> 강력한 감정이 실린 사건(경험)으로 정신적 상처 또는 충격을 받고 지속적인 파급 효과(생리적·심리적 반응)로 정서적 쇼크이다.

기대를 갖고 나간 라운드에서 OB가 발생하면 실망과 낙담의 감정이 발생한다. 중요한 라운드, 인생이 걸린 시합 등 자신에게 중요한 라운드에서 실수는 강한 감정을 유발하고 이는 잠재적인 외상 사건으로 연관될 수 있다. 이 사건 이후 드라이버 샷에 지속적인 방어반응으로 많은 실수를 유발할 수 있다.

모든 골퍼가 외상을 경험하는 것은 아니다. 골프에서 OB, 3 퍼팅, 뒷땅 등 실수는 수없이 발생한다. 하지만 이런 객관적인 실수를 주관적 해석에 따라 다른 반응을 보인다. OB가 났지만 자신은 성장하는 과정이 있다고 생각하면 강한 감정이 깃든 사건이 아닌 성장에 필요한 당연한 과정으로 받아들여져 부적 정서와 심리적 충격은 낮아진다.

실수를 어떻게 해석하느냐에 따라
심리적 외상도 될 수 있고, 성장의 과정도 될 수 있다.

외상은 과거 속에 머물러야 하는 사건이 현재의 상황 속으로 침습(intrusion)하여 끊임없이 방어반응을 유발하는 것이다. 이전 실수에서 발생한 강렬한 감정이 지금 상황과 오버랩 되며 현재 자신에게 강력한 감정적 반응을 보인다. 이런 외상은 경험으로부터 자신을 보호하기 위해 침습적이고 회피적인 자기 보호 방식을 보인다.

외상을 극복하기 위해서는 과거와 현재를 분리하고, 외상에 의해 생긴 자기 보호적 방어와 고통스러운 감정을 조절해야 한다.

· **외상의 극복 요령**

1. 과거의 사건과 현재를 분리시킬 것.
2. 외상으로 인한 자기 보호적 방어와 부정적 감정 조절하는 것.

외상의 종류

이런 외상은 일회적(single-blow) 외상과 반복적(repeated) 외상으로 나뉜다.[54] 일회적 외상은 단 한 번의 충격적 사건이 어떤 사람에게 지속적인 외상적 반응을 일으키는 것이다. 생명을 위협한 자연 재해를 경험하거나,[55] 폭력 범죄,[56] 사랑하는 사람을 잃는 것[57]으로 일회적 사건에 해당된다. 이렇게 일회적 사건도 외상적일 수 있지만 대개 지속적이고 반복적으로 일어나는 경우가 많다. 예를 들어 전쟁, 포로 생활, 아동학대 같은 짧게는 수개월에서 길게는 수년에 걸친 지속적인 외상 사건으로 발생한다.

---

[54] Terr (1991).
[55] Bolin (1993).
[56] Kilpatrick (1993).
[57] Worden (1991).

골프는 이 두 가지 형성에 모두 해당되는데 일회적 사건에서 중요한 부분은 감정 이입이다. 강력하고 정신적 충격이 큰 사건이라면 일회성 사건으로도 충분히 외상이 발생한다. 이 강한 감정은 강한 욕구나 기대를 기반으로 만들어져 이루고 싶은 감정만큼 상실과 실패는 반대의 감정인 좌절, 낙심, 상실감을 일으킨다.

또한 부정적인 사건에 노출됨으로써 발생하는 취약성(vulnerability)을 띄는데 이런 현상은 스트레스 누적(stress pileup)이나 용량-반응(dose-response)에 따라 적용된다.[58] 1.2m 퍼팅을 반복적 실수로 놓친다면 스트레스가 쌓여 외상으로 형성되는 것과 같다. 심리적 외상의 '용량'이 커질수록 잠재적인 손상도 심각해진다. 예로 베트남 참전 용사들을 대상으로 용량-반응 관계를 입증했다.[59] 같은 사건의 반복으로도 발생하지만 다양한 형태의 스트레스가 쌓일 때도 외상은 발생하였다.

이런 외상의 발생 원인은 골프 기술에 대한 두려움과 함께 특정 골프장이나 날씨와 환경처럼 외적 요인에 의해서 형성될 수 있다는 걸 제시한다. 이렇듯 외상은 다양한 경험과 환경 속에서 발생하기에 미연에 방지하고 스트레스가 쌓이지 않도록 적절한 관리가 필요하다.

---

[58] March (1993).
[59] Goldberg (1990).

MEMO

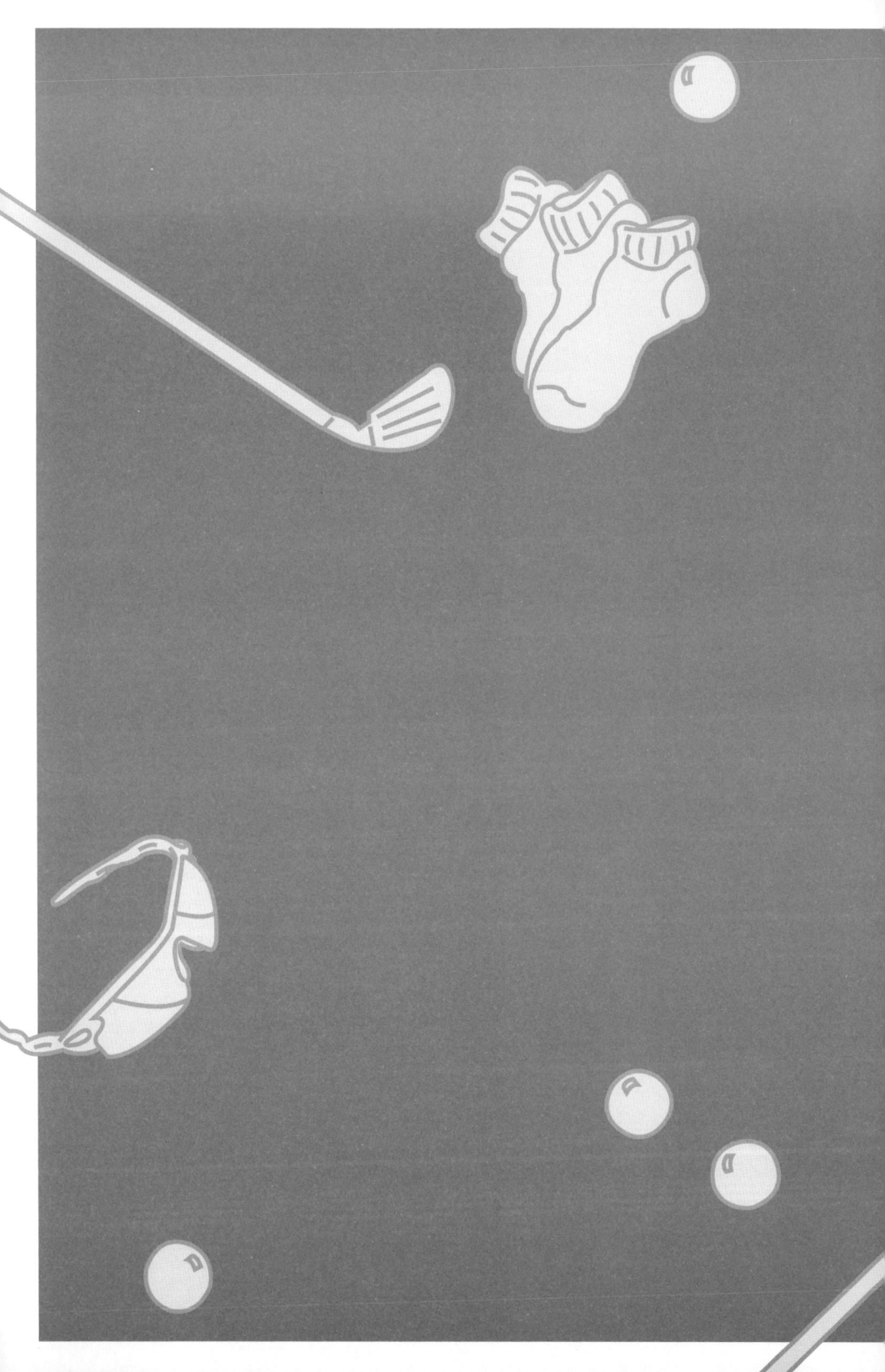

Chapter 3
성공으로 이끄는 자신감

1. 자신감은 어디에서 오는가?

2. 어프로치의 자신감은 잔디에 있다

3. 심상으로 만드는 골프 커리어

4. 자신은 변화할 수 있다는 것에 대한 믿음
= 뇌 변화의 믿음

5. 불안의 생각을 자신감으로

6. 학습된 무기력 vs 학습된 낙관주의

Chapter 3
성공으로 이끄는 자신감

 골프에서 발생하는 인간의 감정과 심리·생리적 반응에 대해 알아보았다. 부정적인 감정의 기전과 이에 반응하는 뇌의 본능, 그리고 그에 맞서 대처 원리와 방법을 설명하였다. 이제까지의 내용은 골프 기량의 부정적인 부분이며 본인 실력보다 낮은 수행력의 주요 요인이다. 이렇게 좋지 않은 것에 대한 이해와 대처도 필요하지만 지금 자신의 기량을 더 향상시킬 수 있는 비전 역시 중요하다. 좋은 것을 더 좋게 만드는 것은 발전적이고 생산적인 과정이며 비전 제시는 골프 멘탈의 궁극적인 목적 중 하나이다. 많은 골퍼와 교습가들은 골프 멘탈의 방향이 부정적인 상황(ill-being)에서 나쁘지 않은 상황(normal-being)을 만드는 것으로 오해하지만 보다 근본적 역할은 최상의 상태(well-being)를 제공하는 것이다. 진짜 잠재력을 발휘하는 골프는 신체·심리적 상태와 경기력 향상을 위한 비전 제시에 있다. 이는 보다 긍정적이고 발전적인 길에 대한 탐색이고 제안이다.
 이번 장에서는 강한 멘탈의 첫 걸음으로 자신감에 대해 알아보겠다. 진짜 실력을 발휘하기 위해서는 심리적 강점을 뒷받침할 자원이 필요하다. 골프 심리요인의 기본 요소인 수행에 대한 잘할 것이라는 믿음 즉, 자신감은 모든 행위의 밑거름이 되는 심리 자원이다. 수행 전 자신의 자신감은 무엇이며, 어떻게 적용할 것인가에 대한 고민이 필요하다. 왜 난 불안한가? 자신감을 어떻게 높일 수 있는가? 라는 물음에서 시작된 장이다. 할 수 있다는 마음으로 더 좋은 수행의 초석이 되는 여러 방법을 이해하고 습득해보자.

01. 자신감은 어디에서 오는가?

<u>자신감은 자신이 할 수 있다는 믿음.</u>
<u>운동 수행에 대한 예측은 '할 수 있다'는 믿음에서 온다.</u>

 스포츠 심리학자들은 자신감을 성공 수행에 대한 믿음[60]과 개개인들이 기능을 갖고 무엇을 할 수 있다는 것에 대한 판단이라고 한다.[61] 이는 자신의 상황(환경, 라이 등)에서 특정 운동 기술(샷)을 잘 해낼 수 있다는 주관적 느낌을 말한다. 스포츠 현장에서는 이 자신감을 자기효능감(self-efficacy), 스포츠자신감(sport confidence)으로 설명한다. 자기효능감은 성공적인 수행을 할 수 있다는 자신의 능력을 믿으며 수행하기 위해서 인지, 사회, 행위적 기술의 과정을 통합된 일련의 행동을 만들고 생산하는 능력이다.[62] 어떤 일을 성공적으로 수행할 수 있다는 믿음과 신념인 것이다. 샷을 함에 있어 원하는 행위를 잘 할 수 있고 자신이 원하는 지점으로 볼을 보낼 수 있다는 믿음

---

[60] Weinberg, Gould (2002).
[61] Feltz (1988).
[62] Bandura (1997).

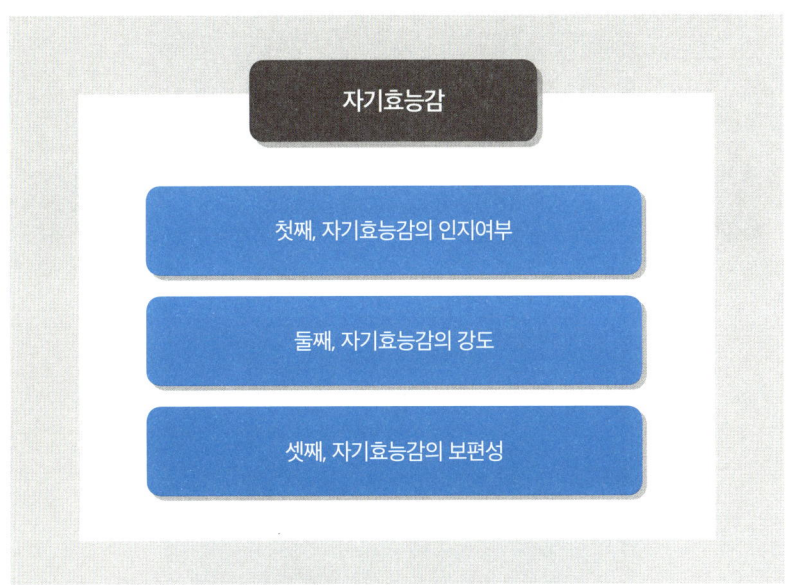

그림 15. 자기효능감의 3가지 차원

을 말한다.

  이런 자기효능감에는 3가지 차원을 포함하고 있다. 첫 번째로 자기효능감의 인지여부로 이는 기술 실행 여부에 대한 믿음으로 '할 수 있다.', '할 수 없다'라는 느낌으로 결정된다. 두 번째는 자기효능감의 강도이다. 기술 성취에 대한 자신의 느낌 정도로 1점(전혀 모르겠다)부터 10점(매우 확실하다)까지 수준을 말한다. 세 번째로 자기효능감의 보편성이다. 어떤 상황이든 상관없이 언제 어디서나 원하는 기술의 실행가능여부이다(그림 15).

  자신 앞에 놓인 볼을 155m 떨어진 그린에 올릴 수 있을 것 같은 마음과 성공률, 그리고 어떤 상황에서도 온 그린 시킬 수 있다는 믿음의 총 합이 자기효능감의 세 가지 차원이다.

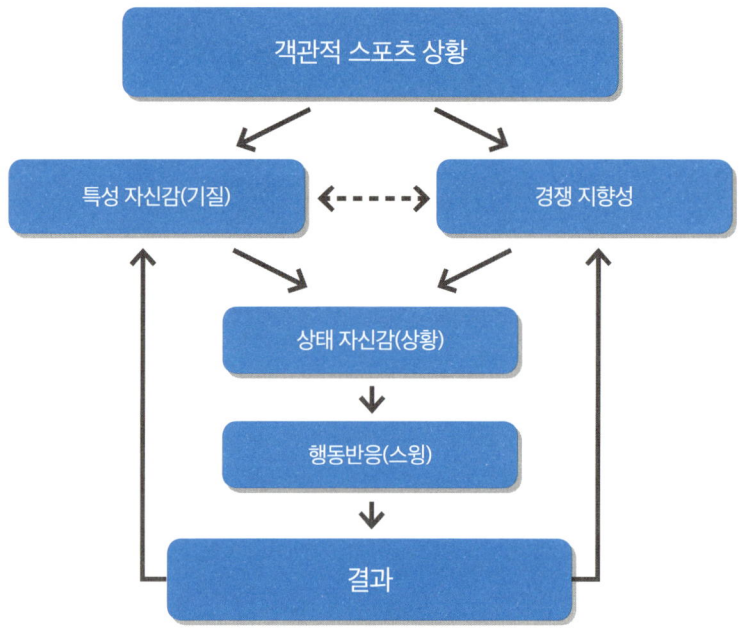

그림 16. 스포츠 자신감 모델

또한 스포츠자신감은 운동을 성공적으로 수행할 수 있다는 믿음을 말한다.[63] 스포츠 상황에서 자신감은 자신의 운동수행 능력을 파악하고 그 능력 안에서 성공할 수 있는 자기 확신 또는 믿음이라 한다 (그림 16).[64]

필드에서 샷 할 때 골퍼의 성격 기질과 경쟁 성향은 자신감을 형성하고 샷 결과에 따라 다시 기질과 경쟁 성향에 영향을 미치고 이는 다시 자신감에 영향을 미치는 사이클이다. 골퍼의 성격과 경쟁심이

---

63 Vealey (1986, 1988).
64 정청희 외 (2009).

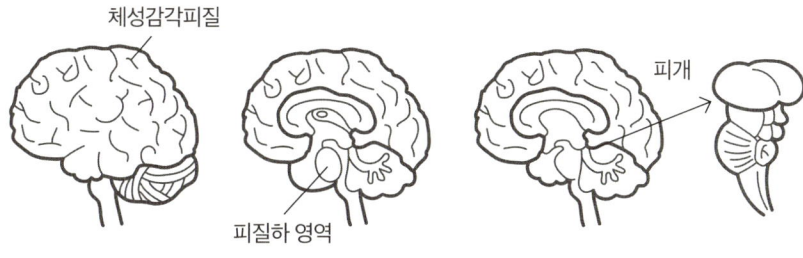

그림 17. 신체 표지자와 뇌 부위

신체 표지자는 신체 감각 피질 부위와 시상하부 피질하 영역, 피개에서 '읽어들인'다. 피부, 근육, 관절의 체성감각 신호 및 자기수용성 신호를 뇌 감각 처리 영역에 비교 분석한다.

자신감을 형성하고 결과에 따라 변하는 순환의 과정을 통해 형성된다. 샷의 성공 경험이 자신감에 영향을 주는 방법이다.

결국 자기효능감과 스포츠자신감을 우리는 쉽게 골프 자신감이라 하고 그 중에서 가장 핵심적인 것은 자신이 지금 상황(라이)에서 원하는 샷을 잘 할 수 있냐는 물음이다. 할 수 있다는 느낌이 높다면 자신감이 강하다고 할 수 있고, 잘 할 수 없을 것 같은 느낌은 자신감이 약하고 불안한 것이다.

지금 이 상황에서 필요한 샷을 잘 할 수 있다는 믿음으로 결국 자신감은 골퍼 자신이 주관적으로 느끼는 정서이다. 신경과학자 안토니오 다마지오(Antonio Damasio)는 자신이 원하는 동작을 할 수 있는지, 할 수 없는지를 느끼는 것(feeling)을 '신체 표지(somatic marker)'가 있어 가능하다고 했다.[65] 이것은 피부, 관절, 근육과 호르몬에서 발생하는 신호를 뇌로 보내 기존에 갖고 있는 느낌과 비교

---

65 Damasio (1996).

그림 18. 느껴지는 신체 표지

분석하는 과정에서 발생한다.[66] 신체에서 주는 느낌은 자신이 '잘 할 수 있다'는 믿음을 만들어 긍정적인 효과를 얻는다. 5장에서 배울 루틴(호흡, 웨글, 위빙, 순간 이완 등)을 통해 더 완벽한 정서('잘 할 수 있다'라는 느낌)를 얻기 위해 이 신체 표지에 대해 자세히 알아 볼 것이다. 이를 통해 자신감을 느낄 수 있는 핵심인 '모방(as if)'[67]의 힘을 알게 될 것이다.

자신감은 지금 상황(환경, 라이)에서 최고의 샷을 하기 위해 이전 성공한 샷의 기준을 '모방'하는 것이다. 이전 성공한 샷을 할 때의

---

[66] Damasio (1999); Damasio and Carvalho (2013); Craig (2002, 2003, 2009).
[67] Damasio et al (2000).

몸, 기분, 기술 동작 등 모든 느낌과 감각 부분을 비교분석하며 맞춰 나가는 것이다. 이 과정에서 이전 성공했던 비교 샷과 비슷하다는 감정의 크기가 자신감의 양을 결정한다. 이전에 비슷한 상황에서 성공한 샷과 얼마나 비슷한 느낌을 받느냐가 자신감의 근원이다.

이전 성공적 샷의 기준(신체 표지)
= 모방을 통해 신체 각 기능을 동일하게 하는 작업

가령, 티샷을 하려고 하는데 페어웨이 오른쪽이 OB 지역이다. 리허설 스윙에서 클럽 헤드가 열릴 것 같은 느낌이 든다면 다음 리허설 스윙을 하며 손목이 열리지 않는 느낌을 느끼려 한다. 반대로 리허설 스윙을 통해 절대로 오른쪽으로 날아가지 않을 거라는 느낌이 들면 강한 정서적 반응(자신감)을 얻을 수 있다.

여기서는 자신감이 만들어지는 원리와 효과에 대해 배웠다. 다음 장부터는 이 '신체 표지' 이론과 그 밖의 다양한 이론을 통해 현장 중심적이고 사용가능한 방법들을 제시하겠다.

02. 어프로치의 자신감은 잔디에 있다

<u>어프로치 탑볼, 뒷땅에 대한 불안의 답은 연습스윙에 있다.
잔디를 건드리며 임팩트 존을 상상하면 확신을 얻을 수 있다.</u>

 많은 골퍼가 어프로치에서 실수를 범한다. 타이거 우즈는 2014년 히어로 월드 챌린지 대회에서 연속 2번 어프로치 뒷땅을 치는 실수를 한다. 전 세계를 호령하던 타이거 우즈도 이런 실수를 하는데 하물며 아마추어 골퍼는 얼마나 많은 어프로치 실수를 하겠는가? 물론 기술력 차이에서 발생하기도 하지만 앞서 얘기한 자신감의 기준인 느낌을 어떤 방법을 통해 받아들이느냐에 따라 강한 자신감으로 수행력 향상을 얻을 수 있다.

 그 방법으로는 심리학자 대릴 벰(Daryl Bem)이 제시한 자기지각이론(self-perception theory)으로 자신의 행동을 관찰하여 지각, 추론과 원인에 대한 인지과정[68]을 통해 자신감이 향상된다. 가령 어프

---

68 Thomas at el (2013).

로치 전 리허설 스윙을 통해 자신의 스윙의 패턴과 임팩트를 미리 확인해 보는 방법이다. 스윙 패턴을 확인하는 방법은 리허설 스윙을 하며 볼 옆 잔디를 가볍게 건드리는 것으로 이런 과정을 스윙 지각 과정이다.

아이언이나 풀스윙의 경우 연습스윙 때 잔디에 디봇(divot)을 내는 것은 골프규칙 제1장 에티켓에서 '불필요한 손상의 방지'로 재정되어 있다. 코스 관리차원에서 골프장을 무분별하게 훼손하는 것을 방지하기 위하여 연습스윙에서는 디봇을 내지 않는 것을 권한다. 하지만 코스를 손상시키지 않는 선에서는 괜찮기에 어프로치의 가벼운 잔디 접촉은 무방하다.

어프로치 리허설 스윙을 하며 잔디를 가볍게 건드리면 자신의 샷 괘도를 유추할 수 있다. 자신의 스윙 궤도의 최하점(잔디를 건드리는 지점)을 알 수 있고 잔디의 저항강도나 지면의 경도까지 파악 가능하다. 이런 정보를 안다는 것은 골퍼 스스로 실재 샷 할 때 클럽의 헤드가 잔디(지면) 어디에 디봇이 날지 유추할 수 있다. 이런 시연을 통해 인지되면 실재 볼 위치 선정에 도움을 준다. 이런 과정을 골퍼로 하여금 자신감을 향상시켜 보다 확실하고 단호한 스윙을 할 수 있게 된다. 확신이 없어 머뭇거리거나 생각이 많아 인지과정이 꼬이는 일이 없어야 불안감보다는 명확성과 확실성으로 자신감 있게 샷 할 수 있다. 이런 믿음과 단호함이 실수를 예방하고 좋은 결과를 만들어 낸다.

내 스윙을 대해 알 수 없을 때 막연함을 느낀다.
자기 스윙을 느낄 수 있는 과정을 만드는 것은
확신으로 이끄는 방법이다.

어프로치에서 자신감이 없으면 불안감이 엄습해 와서 머리는 복잡하고 생각이 정리가 되지 않는다. 이런 복잡하고 불안정한 인지과정은 집중을 방해하여 여러 실수를 유발한다. 볼에 집중을 못하여 상체가 일어나거나, 불안감으로 스윙 중 클럽의 속도가 급격히 떨어지고, 원하지 않는 동작들이 무의식적으로 나타난다. 이런 실수는 자신의 실력이 아닌 자신의 수행(샷)을 미리 예측할 수 없는 확인 과정의 부재에서 발생하는 부정적 감정(불안, 초조, 걱정)을 초래한다.

03. 심상으로 만드는 골프 커리어

<u>커리어가 쌓여야 실력이 향상되는 골프</u>
<u>커리어를 쌓을 수 있는 좋은 전략 심상</u>

어떤 일에 능숙함이나 문제 해결 능력을 가늠할 수 있는 잣대로 대상자의 커리어(Career)를 확인한다. 스포츠에서도 전문가나 프로페셔널적인 능력을 가늠할 때 이 커리어, 즉 경력과 공식적인 자격을 입증하는 문서(자격증) 확인을 한다. 그래서 많은 기업에서 사원을 채용할 때 보는 이력서에서 경력을 세밀하고 중요하게 보는 이유는 커리어를 가늠하기 위한 목적이 있다.

취업자들은 경력란에 어떤 경험과 자격을 기입하느냐에 따라 자신이 업무에 관련된 현장 경험이나 직업상 필요한 기술의 숙련도가 높다는 것을 입증한다.

이처럼 골프뿐만 아닌 모든 일에는 커리어를 무시할 수 없다. 관련 업무를 오랜 기간 수행했다면 그만큼 업무 숙련도나 이해력에 밀접한 관계가 있기에 까다롭게 평가하는 항목이다. 일부 전문직에서는 관련 업종에 커리어가 없거나 관련 자격증이 없는 구직자를 서류심

사에서 탈락시키는 이유가 여기에 있다. 이렇듯 모든 일에 커리어는 중요한 역할을 하고 골프의 수행력과 밀접한 관계가 있어 많은 교습가는 피교육생의 커리어에 따라 지도 계획을 세운다.

> **숙련(Skillful)**
> 근로자들이 업무를 수행한 시간이 증가함에 따라 수행의 숙련도가 상승한다는 가설이다. 이를 기반으로 조직에서 연차(年次)에 따라 숙련도가 높아지고 이에 따라서 업무성과도 증가할 것이라는 전제하에 연공에 따른 승진과 보상을 부여한다.
>
> **이해력(Comprehension)**
> 경험을 개념화한 지식을 단순히 교과서에서 제시하는 말이나 교습가가 가르쳐준 대로 기억하는데 머물지 않고 그것을 개인의 기능 속에 체계화하는 것이다. 기억한 지식을 그대로 재생시키는 것이 아니며, 그 지식의 의미를 다른 말로 번역·해석하고 외연(外延)에 의해서 추리해 내는 능력을 포함한다.

모든 골퍼가 이렇게 커리어를 쌓아 숙련도나 이해도를 높이면 좋겠지만 경험의 축적, 응용, 발현 등 개인별 차이에서 발생하는 것을 예측하는 것은 불가능하다. 모든 사람이 골프에 투자할 시간이 충분하고 여건이 되면 좋겠지만 여러 상황에서 발행하는 제약으로 불규칙적이고 불충분할 수 있다. 이런 현실적 제약에서 좋은 대안이 되는 것이 심상(imagery)이다.

> **심상(Imagery)[69]**
> 모든 감각을 동원하여 마음속으로 어떤 경험을 떠올리거나 새로 만드는 것이다.

골프에서 심상은 샷 메이킹(shot marking)이나 멘탈 트레이닝에서 주로 사용하는 심리요인 중 하나이다. 샷을 기획할 때는 샷의 시연(rehearsal), 모의 스윙(simulation)에 이용되고 멘탈 트레이닝에서는 심상 훈련을 진행한다. 이렇게 폭넓게 사용할 수 있는 이유로는 심상은 두 가지 요인 회상(recall)과 창조(mental imagery)로 나뉘기 때문이다. 회상은 자신의 이전 경험으로 클럽, 스윙, 스윙 강도(힘쓰기 정도) 등 샷 기획의 전반적인 선택 기준이 된다. 창조는 매번 다른 환경과 라이에서 발생되는 상황에서 미리 스윙의 결과를 상상하며 시연(rehearsal)하여 성공여부나 자신감을 얻는데 사용한다.

심상을 바르게 사용하는 것은 성공적 샷에 대한 지각 정보를 최대한 많이 사용하여 다시 느끼는 것이다. 시각, 청각, 미각, 후각, 촉각 등 많은 감각을 사용해서 이전 기억을 떠올리며 명확히 회상하려는 노력이 필요하다. 그리고 그런 회상의 정보들을 이용하여 새로운 환경에서 만드는 창조 작업에 응용하는 것이다. 이전의 기억으로 미래를 그리는 자료로 사용하면 모든 상황에서 자신감을 발생하는데 효과적이다. 이런 동일한 효과로 발표 전에 머릿속으로 진행순서나 발표 내용을 미리 생각하는 것을 들을 수 있고 실질적으로 음악가들도 이런 심상 훈련을 통해 효율성을 높이고 있다.[70]

> *심상은 시간과 장소를 가리지 않고 이용할 수 있는*
> *아주 좋은 상상의 도화지이다.*

---

69 Vealey and Walter (1993).
70 Lotze at el (2003).

이렇듯 우리는 시간과 상황의 제약으로 직접경험이 불가능할 때 간접경험인 심상을 이용해 효과를 극대화 할 수 있다. 이를 통해 미리 다양한 상황(라이)을 설정하여 샷의 다양한 감각과 기술·인지과정을 떠올리며 불안은 낮추고 자신감을 높여 보다 향상된 샷을 만들어 낼 수 있다. 자세한 방법은 5장과 6장에서 설명하겠다.

04. 자신은 변화할 수 있다는 것에 대한 믿음 = 뇌 변화의 믿음

<u>인간은 변한다. 다른 말로 뇌가 변한다.
지금 이 순간에도 뇌는 변하고 있고
고로 지금 이 순간 나는 변하고 있다.</u>

    뇌는 1.2 ~ 1.5kg의 신경세포와 신경섬유로 이루어져 있는 단백질 덩어리이다. 신경세포의 수는 약 1천억 개에게 달하며 신경세포 1개에는 1만 5천개의 시냅스(Synapse)를 내포하고 있어 뇌의 시냅스는 1천억개 신경세포 × 1만 5천개라는 엄청난 수로 구성되어 있다. 이런 시냅스를 통해 신경세포 사이에 연결망(neural network)을 형성하는 것을 정보라 한다. 이런 신경세포의 연결망 간은 서로 정보를 공유한다. 또한 신경세포에는 천개에서 만개의 신경섬유를 갖고 있고 배움과 경험을 통해 신경섬유의 연결을 촘촘하게 만든다. 학습, 경험, 연습, 훈련 등을 통해 한 가지 기술을 오랜 기간 숙달 반복하면 뇌는 초당 1기가를 내보내는 슈퍼컴퓨터처럼 변한다. 이런 뇌의 변화를 '뇌가소성(neuro-plasticity)'이라고 한다.

    이런 현상은 우리의 뇌가 외부 자극, 경험, 학습을 통해 신경세포에 전기 자극을 만들어내고 이런 과정을 통해 정보 처리량과 속도를 향상시킨다.[71] 이런 지속적인 변화가 우리 뇌에서 일어나고 있고 뇌의 성장에 따라 우리도 성장하는 개념이다.

 쉽게 젓가락질을 하는 것, 축구공을 차는 것, 강아지를 보고 강아지라고 말을 할 수 있는 모든 것들은 모두 시냅스가 훈련과 학습을 통해 연결망이 형성되어 가능하다. 자신이 할 수 있는 것과 알고 있는 것들은 이런 시냅스의 망이 뇌 어딘가에 존재하기에 비교분석이 가능한 것이다. 이런 신경망은 선천적으로 갖고 태어나기도 하지만 후천적으로 살아가면서 형성되기도 한다. 이미 갖고 태어난 신경망들이 선조들의 경험과 자극에 의해 형성되어진 정보가 DNA 속에 포함되어 본능으로 전달되거나 빠른 학습을 돕는다. 가령 아이가 태어나서 한 번도 뱀을 보지 않았더라도 뱀을 무서워하거나 위험한 동물로 빠른 인식되어 울음을 터트리거나 놀라는 모습을 볼 수 있다. 선조들에 의해 뱀을 무서워하고 피해야 하는 동물이라는 신경망을 갖고 있기에 한 번도 본적 없는 뱀을 보면 두려워하고 피하게 되는 것이다.
 또 다른 신경망 형성은 자신이 겪은 외부의 자극이나 경험, 학습을 통해 후천적으로 만들어진다. 타자를 치는 것이나 골프 스윙, 젓가락질, 축구에서 공을 차는 것 등 수도 없이 많은 것들을 직·간접 체험을 통해 자극 받고 학습되어 기존에 없던 신경망이 형성된다. 또 이런 신경망을 장기간 사용하지 않으면 뇌에서는 필요 없다고 생각하여 소멸과 망각이 이루어지는데 이것을 '신경망 가지치기'라고 한다.

---

[71] Shatz (1992).

성공 수행의 경험이 많은 것은 같은 상황에서 자신감이라는 감정을 느끼는 신경망에 강한 전기적 신호로 인해 강한 자신감을 느끼는 것이다. 이런 느낌은 자신감에 찬 행동을 유발하고 이런 행동 경향성은 하나의 성격이나 성향으로 형성된다. 이렇게 학습과 경험에 통해 시냅스가 형성되는 것을 사회 학습 이론(social learning theory)이라고 한다. 즉 외부의 자극이나 경험, 학습을 통해 기존에 없던 신경망이 성형되고 견고해지면서 자신의 행동 패턴 성향의 변화를 초래한다.

학습과 경험을 통해
기존에 없던 신경망이 형성될 때 인간은 성장한다.

사회 학습 이론은 성격은 변하지 않을 것이라는 속설을 깨고 변화가 가능하고 그 기반의 핵심은 경험과 학습이라는 견해이다. 자신의 뇌가 변하고 자신이 변할 수 있다는 의식을 갖는 것부터 가능성은 높아진다. 절대 인간은 변화하지 않는다고 믿는 사람은 어떤 자극이나 경험, 학습을 모두 부정하는 반면 변할 수 있다는 믿음은 모든 경험에서 배우고 느끼려는 동기를 부여하게 된다. 이런 의식과 초점은 좋은 생활 습관이고 자신감의 학습을 믿게 되면서 보다 생산적이고 발전적인 마음을 갖게 된다.

우리가 공부를 하고 연습을 하는 것이 뇌를 변화시키는 것이고 이런 변화를 통해 우리는 무엇이든 될 수 있다는 기대로 내일을 기약하며 꿈을 꾼다.

05. 불안의 생각을 자신감으로

<u>같은 상황에서도 선수마다 느끼는 불안과 두려움의 강도는 다르다. 그 원인은 다른 해석과 생각하기 때문이다.</u>

인간은 현상을 인식하는 대로 지각하고 반응한다. 인간 개개인에 본능과 학습에 따라 같은 상황도 다르게 해석한다. 이것을 인지모델(cognitive models)이라고 하여 어떤 상황에서 보이는 감정·신체·행동적 반응은 그 상황 자체에 의해서 반응하는 것이 아니라 그 상황을 어떻게 해석하는지에 따라서 달라진다는 것이다. 예를 들어 불안한 사람들은 부정적 사건이 일어날 가능성이 희박하다는 걸 알면서도 걱정한다.[72] 반대로 부정적인 자극을 받는 동안 즐거운 것을 생각하면 상대적으로 그 강도가 낮게 느껴진다.[73]

---

[72] Grupe and Nitschke (2013).
[73] Bebko et al (2014); Silvers et al (2014); Gruber et al (2014); Blechert et al (2012); Ochsner et al (2002); Shurick et al (2012).

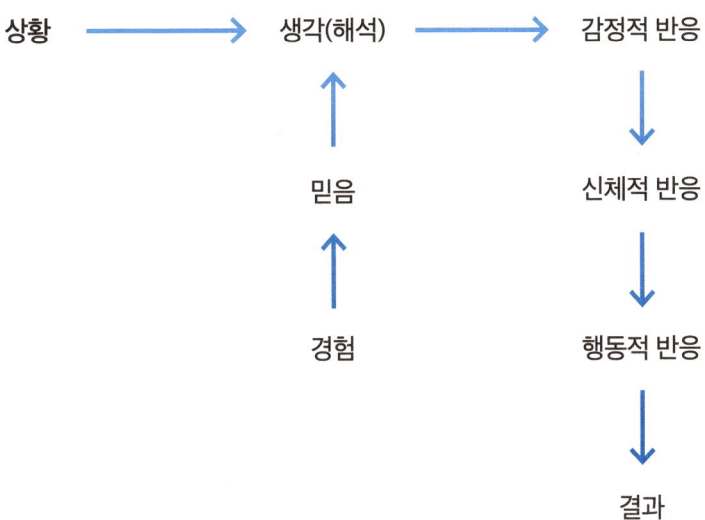

그림 19. 인지재구성 과정

    이런 인지모델을 변화시켜 부정적인 감정을 긍정적으로 변화시키는 것을 인지재구성(cognitive restructuring)이라 한다. 인지재구성의 절차와 방법은 그림 19번 같다.

    다음은 A와 B선수의 인터뷰 내용이다. 같은 상황에서 서로 다른 해석을 통해 다른 결과를 만들어낸다. 부정적인 상황을 긍정적으로 해석하려는 것이 인지재구성의 핵심이다.
    가령 시합에서 7번 홀 까지 1오버로 플레이하고 있다. 8번 홀에서 드라이버가 슬라이스가 발생하여 볼이 러프에 빠졌다. 그리고 보기를 했다고 가정하자.

이때 A라는 선수는 그 상황을 이렇게 생각했다. '가뜩이나 안 되고 있는데 왜 이런 실수를 해서 또 보기를 하는 거야? 이러다가 예선전에서 떨어지는 거 아니야?'(생각) 그 순간 A 선수는 무척 불안해지기 시작했다. 불안(감정)으로 A 선수는 흥분하고 초조해져 맥박수가 빨라지고 손에 땀이 나기 시작했다(신체적 반응). 이런 변화로 신체 리듬도 빨라지면서 자신도 모르게 스윙 리듬도 빨라진다(행동적 반응). 그래서 실수를 하고 자기 기량을 제대로 발휘하지 못하고 시합에서 떨어졌다(부정적 결과).

반면에 B라는 선수는 같은 상황에서 '드라이버가 슬라이스가 났어도 OB는 나지 않아서 보기로 막았어. 아직 기회는 남아있으니 차분히 내 플레이를 하자.'(생각)라고 생각했다. 마음의 여유가 생겨나서(감정) 생체반응도 안정되어(신체적 반응) 자신의 플레이를 할 수 있었다(행동적 반응). 그래서 결국 좋은 성적을 냈다(긍정적 결과).

인지 재구성은 감정을 조절하여 신체와 행동 반응을 변화시켜 긍정적 결과를 만드는 유용한 심리 기술이다. 중압감 속에서 부정적으로 생각했던 예전의 습관에서 벗어나 발전적이고 긍정적인 생각으로 대처 해주는 효과적인 방법이다. 하지만 이런 효과를 발현하기 위해서는 적절한 방법과 절차를 거쳐야 가능하기에 아래 제시되는 5단계[74]를 정확히 인지하여 응용할 수 있도록 노력해보자.

---

[74] Arthur and Emily (2007).

1단계 : 자각과 회상

당신은 지금 무슨 생각을 하고 있는가? 자신도 모르게 부정적 생각을 하고 있지는 않은가? 그렇다면 왜 그런 생각이 일어나는지 되짚어 보자. 언제, 어디서, 무엇 때문에 이런 생각이 떠오르는지 생각해 본다. 그런 부정적인 생각이 떠오르는 형태는 문장으로 나타날 수 있고 또는 이미지로 나타날 수도 있다. 가령 '예선 탈락'이라는 문장이나 '볼이 홀컵을 빗나가는' 이미지로 나타날 수 있다. 그리곤 초조와 불안, 걱정과 같은 부정적 정서가 뒤따를 것이다. 이런 생각의 뿌리를 찾아야 한다. 이전 실수의 상처(트라우마)가 어디에서 비롯되었는지, 왜 그런 상처를 갖고 있는지, 천천히 자신에 대해 생각해보며 자신의 부정적 생각을 인지하고 이해해야 한다.

2단계 : 심리적·생리적 자각

지금 부정적인 생각에 대한 자신의 신체, 생리, 행동적 반응을 살펴보자. 맥박수가 빨라졌는지, 손에 땀이 나는지, 걱정과 불안으로 호흡은 거칠고 얕은지, 나도 모르게 팔에 힘이 들어가거나 행동이 빨라지는지 자세히 들여다보며 자각해야 한다.

3단계 : 생각 바꾸기

부정적인 생각을 긍정적인 생각으로 바꿀 수 있는 논리를 찾아야 한다. 자신이 할 수 있는 현실적이면서도 부정적이지 않은 설명이 뒷받침할 수 있는 근거가 있어야 한다. 예를 들면 자신의 이전 경험을 자세히 떠올리며 '언제, 어디서, 이런 비슷한 일이 발생했는데, 결국 후반에 좋은 성적을 냈던 기억'이나 지금 코스에서 후반전의 좋은 스코어로 끝냈던 경험 등 실질적인 사례로 자신을 설득시켜야 한다.

4단계 : 긍정효과

긍정적인 생각이 자신을 설득시키고 변화되는 신체적, 행동적 반응을 살펴보라. 걱정되고 초조하던 마음이 한결 가볍고 편안해졌을 것이다. '그래 이전에도 이런 비슷한 상황에서 이겨냈어.', '얼마 전 후반에서 잘했으니까 잘 할 수 있어.'라는 식으로 말이다.

5단계 : 연습

이런 방법을 알았다면 이제는 여러 상황과 감정의 강도에 따라 연습을 해야 한다. 많은 사람들이 알고 있는 것을 할 수 있다고 생각을 하는 경향이 많다.

시합 상의 극심한 감정적 변화 속에서 인지재구성을 사용할 수 있을 것이라는 생각을 한다. 하지만 알고 있는 것과 할 수 있는 것은 차이가 있다. 수영을 책으로만 배운다면 실재 수영장에서 수영할 수 있겠는가? 그렇지 않다. 인지재구성 기법도 쉽고 간단히 사용할 수 있을 것 같지만 시합상황에서 사용하려다 실패하는 경우나 효과를 보지 못하는 경우가 많다. 이는 실재로 인지재구성 5단계의 구성이 매끄럽지 못하거나 자신을 납득할 수 있는 반론을 제시하지 못했기 때문이다.

얼마나 능숙하게 흐름대로 진행되느냐와 자신에게 믿음과 확신을 줄 수 있는 근거 제시가 인지재구성 성공여부의 핵심이다. 스스로를 믿게 만드는 것. 그것은 하루아침에 만들어지는 것이 아니라는 것을 명심하고 자신만의 성공 프로그램을 만들어보자.

06. 학습된 무기력 vs 학습된 낙관주의

자신 기량을 결정짓는데 중요한 요인은
어떤 관점으로 바라보느냐에 따라 발전할 수도 있고,
반대로 무기력해질 수도 있다.

  2마리 개를 각각 다른 철장에 넣고 5초 간 전기 충격을 가했다. 한 철장의 개는 전기 충격을 받을 때 철장 앞에 있는 버튼을 누르면 전기 충격이 바로 사라졌고, 다른 철장에 개는 버튼이 없이 계속적으로 전기 충격을 받았다. 총 64번 전기 충격을 가했고 다른 개들도 짝 지어 같은 실험을 했다. 그리고 다음 날 칸막이가 있는 새로운 철장에 넣고 다른 실험을 했다. 이 철장은 양쪽 모두 버튼을 누르면 한쪽 칸에서만 전기가 흐르게 되어 다른 쪽으로 넘어가면 전지 충격을 받지 않는다. 개는 전기가 흐르는 칸에 있고 신호와 함께 전기 충격이 가하는 실험을 이어졌다. 그 결과 이 전날 버튼으로 전기를 멈췄던 경험이 있는 개들은 대부분 칸막이를 넣어 전기가 흐르지 않는 칸으로 도망쳤다. 하지만 버튼이 없어 전기 충격을 고스란히 받았던 개들은 2/3정도가 전기를 고스란히 받으며 도망가려는 시도조차 하지 않고 그저 누워서 낑낑거리기만 했다.[75] 이런 현상을 학습된 무기력(learned helplessness)이라 한다.

개들에게 무기력이 학습된 것이다. 처음 전기가 자신의 몸을 타고 들어왔을 때 개들은 피하려고 이리 저리 도망 다녔다. 하지만 64번의 반복된 전기 충격을 받는 동안 어떻게 하더라도 상황이 변화하지 않는다는 걸 경험하고는 더 이상 어떤 시도와 기대를 하지 않았다. 어떤 몸부림도 이런 상황을 벗어날 수 없다는 학습을 한 후부터는 비슷한 상황에서 어떤 몸부림도 치지 않고 그냥 온전히 몸으로 고통을 감수했다. 미식축구 3년치 자료를 분석한 결과 한 시합에서 대패했을 때, 다음 시합에서도 평균 이하의 스코어를 내는 경향이 있었고, 특히 어려운 상대를 만났을 때 더욱 심했다.[76] 이렇듯 자극이나 결과에 대해 이겨내고 다시 반등하려는 감정보다 어쩔 수 없이 받아들이는 삶이 더 안타깝다. 그래도 다행인 것은 이런 무기력함만 학습이 되는 건 아니라는 것이다.

희망이나 낙관도 학습이 가능하고 이를 학습된 낙관주의(learned optimism)라 한다. 일이나 성적에 관한 기대가 높은 사람이 더 오랫동안 연습과 도전적인 활동을 하고 기대가 낮은 학생들보다 높은 성취를 보였다.[77]

---

75 Maier and Selingman (1976); Peterson et al (1993).
76 Reisel and Kopelman (1995).
77 Paul and Don (2008).

장기간 같은 수행(실패, 성공)을 한다면
어느 누구도 학습을 피할 수 없다.

  이런 현상은 우리 삶과 필드에서 동일하게 발생한다. 그렇다고 학습되는 무기력이 싫다고 무조건적으로 성공만 할 수 있는 건 아니다. 자신의 기량보다 쉽고 어렵지 않은 수행만 선택하고 조금 어렵거나 실패 가능성이 있다면 도전하지 않고 회피할 것이다. 스윙 연습, 라운드, 시합에 참여하는 것조차 성공유무를 따져가며 도전할 것이다.

  우리는 끊임없이 연습하고 노력하여 도전해야 한다. 그 일련의 과정 속에서 실수도 있고 성공도 있다. 이런 실수와 성공은 내가 어쩔 수 있는 것이 아니라 하나의 성장 과정이다. 이런 결과는 온전히 내 기술과 노력만으로 만들어지는 것이 아닌 여러 변수들에 의해 만들어진다. 그렇다면 이런 실수와 성공을 어떤 관점으로 봐라봐야 할 것인가? 이런 관점에 따라 무기력하고 활기찬 선수, 비관적이고 긍정적인 골퍼로 나누어진다.

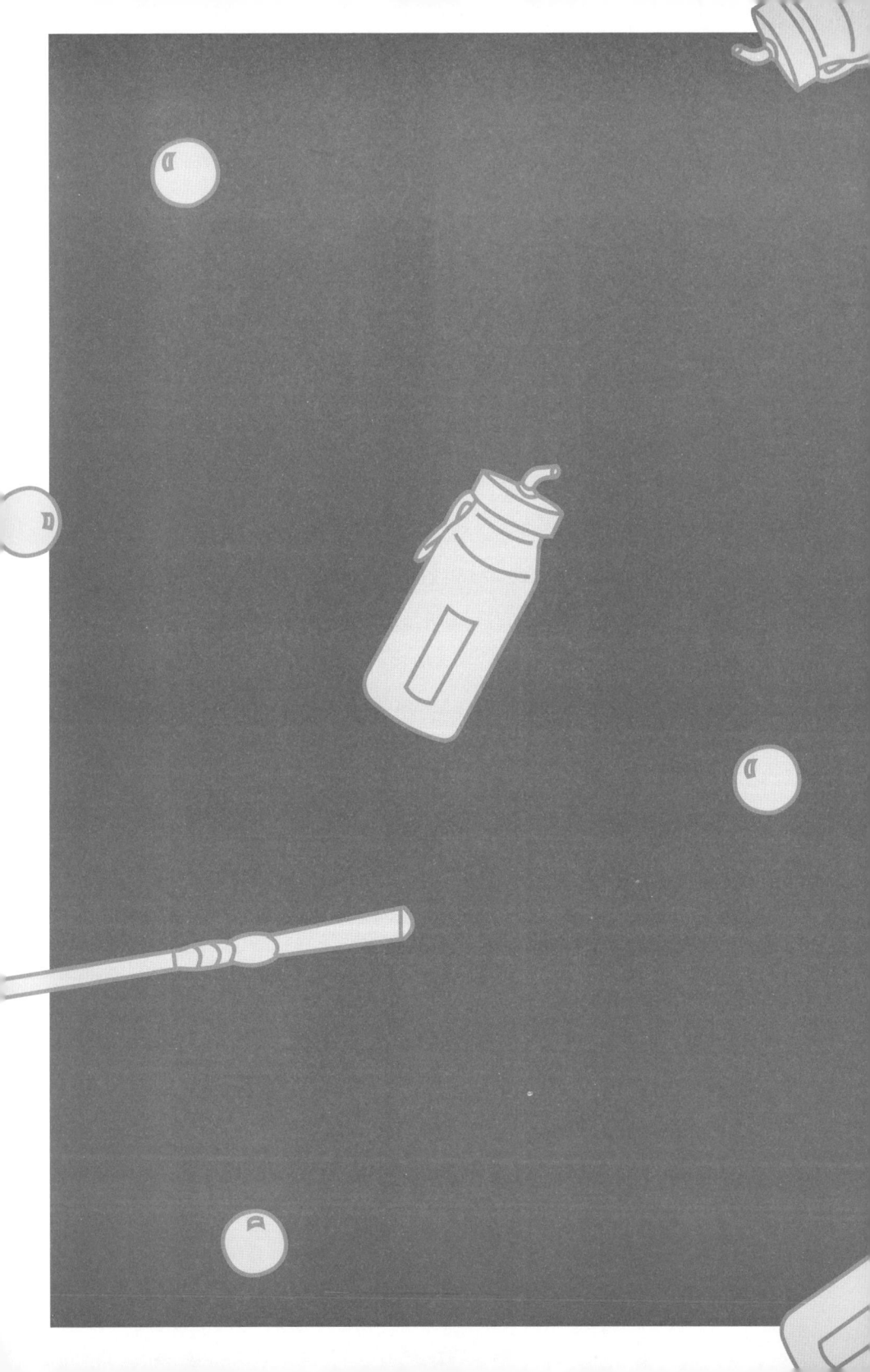

Chapter 4
인지과정 속 골프

1. '분석 마비' 정리되지 않은 생각은 굿샷의 방해물
2. 에너지 효율을 높이는 '주의집중 전략'
3. 샷(Shot), 무에서 유로 만드는 과정
4. 샷으로 들어가는 과정은 언제나 꼬이기 쉽다
5. 최상의 신체와 마음을 만드는 방법 = 루틴(Routine)
6. 자신의 공간 안에서 플레이해야 하는 골프
   = 프리 샷 루틴(Pre-shot Routine)
7. 샷 이후에도 진행하는 루틴이 있다
   포스트 샷 루틴(Post-shot Routine)

Chapter 4
인지과정 속 골프

　골프는 단순히 몸을 사용해서 스윙하는 행위적 과정만 존재하는 것이 아니다. 스윙의 행위적인 절차를 실행하기 위해 정보 분석과 수행 계획을 통합적으로 실시하는 동작 시스템을 사용하기에 가능하다. 동작 시스템은 정보 파악, 분석, 처리하여 스윙에 필요한 의사결정을 하고, 일반적인 계획과 세부 계획을 세우고 마지막으로는 동작을 실행하는 종합적인 인지과정이다.
　좋은 체격과 강한 힘, 멋진 스윙만으로 좋은 스코어를 내는 것은 아니다. 한 번의 샷을 위해서는 일련의 과정과 흐름을 타며 인지·행위적 과정을 통해 구현된다. 이 두 과정 모두 매끄럽고 원활하게 진행되어야 좋은 결과를 만들 수 있다. 하지만 필드는 무수히 많은 변수로 인해 정확한 분석과 성공적인 수행을 만드는 것은 생각처럼 쉽지 않다. 샷의 수행 이전 인지과정이 매끄럽지 못하고 종종 꼬이는 경우를 볼 수 있다. 인지과정에는 주의집중이라는 에너지를 사용되는데 주의력의 높은 단계를 '집중'된 상태라고 하고, 낮은 단계를 '주의'된 상태라 한다. 이 낮은 주의력인 '주의' 상태에서 이루어지면 성공적인 결과를 기대하기 힘들다.

  인지과정인 동작 시스템은 주로 중추신경계와 관계가 있다. 필드에서 많은 정보를 처리하지 못하거나, 절차와 순서의 흐름이 원활하지 못하여 실수를 유발한다. 또한 샷 이후 결과에 적절한 대처가 이루어지지 않으면 감정에 휘둘려 스코어 기복이 커진다. 샷 전반의 인지과정 흐름과 역할을 숙지하고 연습한다면 실수를 미연에 방지하고 자신의 집중력을 강화시킬 수 있다. 인지 디자인을 이미지화 하면 보다 체계적인 샷 시스템을 만들 수 있다. 이런 시스템은 패턴화 되어 연습이나 수행에 효율성을 극대화할 것이다. 샷의 흐름을 만들고 동시에 결과에 대한 넓은 수용성을 갖는다면 필드에서 평정심을 유지하고 최고의 몰입 상태에서 진짜 실력을 발휘할 수 있을 것이다.

01. '분석 마비' 정리되지 않은 생각은 굿샷의 방해물

너무 많은 생각은 혼란을 야기한다.
생각을 줄이고 단호한 결단이 필요하다.

골프는 항상 불안정을 전제하는 운동이다. 매 샷의 환경은 지속적으로 변하고 여기에서 오는 정확성은 확정할 수 없다. 지금 상황에서 목표지점으로 보낼 가장 확률 높은 클럽과 스윙을 선택한 후 자신을 믿고 무의식으로 샷 하는 것이 최선이다. 그리곤 샷 결과의 관점은 인간으로서 허용할 수 있는 범위의 오차를 인정하고 수용하는 자세가 필요하다. 이를 수용하지 못하는 골퍼는 감정의 기복이 심해 결국 감정의 노예가 되어 좋은 스코어나 수행력을 얻지 못할 것이다. 자신은 완벽해야 하고 실수를 용납하지 못하는 완벽주의 성향의 골퍼는 이런 감정의 늪에 빠질 확률이 높다.

완벽을 추구하는 성향, 즉 자신이 하는 일이나 자신이 관여하는 일을 완벽하게 해내려는 사람은 일이나 과제 수행에 실제적으로 요구되는 수준 이상의 높은 결과를 기대하는 성향이 있다.[78]

샷을 할 때도 완벽을 추구하는 사람은 완벽한 스윙을 추구하고 빠른 기량 향상을 갈망한다. 완벽주의 성향은 골프와 연습에 헌신하는 좋은 기질을 발휘하지만 라운드의 스코어나 승패와 같은 결과론적인 관점에서 스윙과 스코어가 기대에 미치지 못하면 이를 견디지 못한다. 이런 욕구로 일상생활에서도 온통 머릿속은 골프 생각으로 어떻게 하면 더 좋은 스윙, 더 좋은 스코어에 대한 생각으로 고민과 고심의 나날을 보낸다.

많은 골퍼들은 필드에서 좋은 기량을 보이고 싶은 마음에 너무 세심한 부분까지 생각하고 고려하며 플레이하는 경향이 있다. 수행에서 신경 써야 하는 부분이 많다는 것은 주의를 둬야 하는 요인이 많다는 것인데 이는 인지 부하를 초래할 수 있다. 인지과정은 충분한 연습으로 숙달시킬 수 있지만 연습이 되어 있지 않거나 스윙을 교정하는 과정처럼 인지과정이 과부하 되면 경기력에 부정적인 영향을 준다.

이 문제에 대해서는 뒤에서 다시 다루겠지만 샷을 할 때는 인지과정을 통해 한 곳에 집중해야 좋은 결과를 가져올 수 있다. 생각할 거리가 많다는 것은 자칫 잘못하면 집중을 방해하는 요인이 많다는 것이다.

샷 하는 순간에 '지금 교정하는 부분이 잘되고 있는지?', '연습할 때와 지금 샷의 느낌이 같은지' 지나치게 탐색하는 것은 좋은 결과를 바랄 수 없다.

자신의 스윙에 문제가 없거나 수정해야 할 부분이 없는 사람은 없

---

78 양돈규 (2013).

을 것이다. 어떤 누군가의 스윙이 흠잡을 것 없이 완벽하겠는가? 그러기는 쉽지 않다. 골퍼라면 누구나 좀 더 멋진 샷, 좀 더 호쾌한 샷을 원하고 이는 인간의 당연한 성장의 욕구이다.

샷을 만드는 과정에서 이런 많은 생각은 부정적인 영향을 줄 확률이 많다. 머릿속이 혼란스러워 제대로 스윙을 할 수 없게 만든다. 이런 과도한 정보는 인지과정에 과부하를 초래하게 하는데 이것을 분석 마비(analysis paralysis)라고 한다.

샷을 만들 때 이런 인지 과부하를 방지하고 샷 결과와 정서에 영향을 주는 중요한 동작 시스템은 뒤에서 거론될 체크리스트와 리허설 스윙의 적용이다. 인간은 누구나 샷을 할 때 부정 삽화 기억으로 불안과 걱정이 유발된다. 이런 부적 감정은 잘 제거되지 않고 골프 수행에 영향을 준다. 또한 완벽을 바라거나 실수를 용납하지 못하며 더 완벽해지려고 많은 생각을 한다면 이 역시 샷에 부정적인 영향을 초래한다. 그렇다고 불안과 걱정을 하지 말라는 것은 어떤 도움도 주지 못한다. 오히려 더 생각나게 만들어 혼란만 가중할 뿐이다. 그 보다 생각하고 고려해야하는 중요도에 따라 순서를 배치하는 것이 바람직하다.

이런 시스템적 접근은 체계적 인지과정을 제공하여 습득 과정이 용이해진다. 인지과정의 시스템으로 흐름과 정리의 개념을 만든다면 실재 샷을 할 때는 보다 무의식적이고 감각적으로 샷을 구현할 것이다. 4장과 5장에서는 샷으로 들어가는 인지 구조의 시스템을 소개하겠다. 최고의 퍼포먼스에 도움을 주는 '무의식으로 스윙하기'를 위해서는 오히려 체계적이고 정형화된 '의식단계'를 정립해야 한다.

02. 에너지 효율을 높이는 '주의집중 전략'

긴 라운드에서 체력은 곧 집중력이다.
체력을 유지하는 것은
경기력을 안정적으로 만드는 중요한 전략이다.

    2016년 동아제약-동아ST 챔피언십에서 박상현 선수가 우승하여 우승 상금 1억 5천만 원의 주인공이 되었다. 당시 필자는 4강전과 결승전의 경기위원으로 참여했는데 경기 당일은 4강전과 결승전을 치렀다. 그날 4강부터 3·4위전, 결승까지 모두 치러지는 경기로 선수들은 모두 각 2라운드를 뛰어야 했다. 2인 매치 플레이라도 2라운드를 진행하면 7시간 이상 경기를 치르는 일정이다.

    오전 4강 경기에서는 박상현-이동민 선수 조와 필자가 먼저 출발하였고 뒤 따라 김태훈-김기훈 선수 조가 뒤따랐다. 뒷 조에는 김태훈 선수의 많은 팬들이 관전했고 응원과 환호로 떠들썩했다.

"김태훈 프로 파이팅!"
"가자 김태훈!"

"나이스 버디"

그 응원 소리는 너무 커서 앞 조 선수들에게도 영향을 줄 정도였다. 참다못한 박상현 선수가 제게 와 웃으며 "뒷 조에게 연락해서 갤러리를 조용히 해주실 수 있나요?"하며 질의를 했다. 그러면서 "저는 괜찮은데 이동민 선수가 신경쓰일 것 같아서요. 전 뭐 떠들어도 상관없지만 이동민 선수는 신경 쓰일 것 같아요."라며 농담 섞인 요청을 했다. 이런 요청이 가능하지 않다는 것과 그것 역시 경기의 일부분이라는 걸 박상현 선수도 충분히 인지하고 있어서 농담으로 이야기한 것이다.

그리고 전반 9홀이 끝나고 방송시간 조율 때문에 약간의 휴식 시간이 주어졌다. 박상현 선수는 응원 나온 가족들과 함께 그늘 집(홀 중간 중간 쉬는 공간)에서 담소를 나누고 있었다. 그런데 그 모습이 시합 나온 선수라기보다는 집 근처로 산책 나온 가족의 모습이었다. 그때 박상현 선수가 강한 멘탈을 갖고 있다는 걸 느꼈다. 그런 긴장 속에서도 여유를 갖고 유쾌한 마음으로 게임한다는 것은 진정 골프를 즐기고 있다는 것이다. 그런 긴장 조절 능력 덕분인지 박상현 선수는 4강, 결승전 모두 역전승하여 1억 5천만 원의 주인공이 되었다.

시합에서 발생되는 불안과 초조는 우리로 하여금 투쟁-도피반응을 일으킨다. 이런 방어반응은 호흡을 증가시켜 근육의 주된 에너지원인 포도당의 생성을 촉진한다. 또한 심박수를 높여 순환계의 혈류를 증가시키고 근육에 산소와 에너지 전달을 신속히 이루어지도록 조절한다. 내분비계에서는 아드레날린을 분비하여 간의 글루코겐을 포도

당으로 전환시켜 에너지 공급을 돕는다. 이런 과정은 모두 저장된 에너지를 근육에 동원하여 스트레스 상황 즉, 불안한 상태를 도피하거나 헤쳐나가기 위해 반응하며 신체 에너지 소비가 급격히 빨라지는 것을 보충한다. 이러한 반응은 방어 시스템의 하나로 뇌에 저장되어 있는 선천적 프로그램이다. 스트레스 상황에서는 복잡하고 느린 생리 반응보다 단순하고 빠른 선천적인 반응이 더욱 효과적이기 때문이다.[79]

인간의 신체는 시합 상황을 스트레스로 받아들여 빠르고 단순하게 반응하도록 설계되어 있다. 하지만 박상현 선수의 사례처럼 중압감이 큰 시합에서도 방어 기제가 발동하지 않는 것은 감정 조절을 잘하고 있다는 반증이다. 가령 겉으로는 여유롭게 보여도 속으로는 공포반응을 보였다면 방어 시스템 작동으로 빠른 체력 고갈이 일어난다. 체력은 집중력과 관련되어 경기력에 매우 중요한 영향을 준다.

골프가 많은 체력 소모를 요하지 않는 스포츠처럼 보이지만 필드에서 이동거리만 해도 8~10km 정도이고 샷을 하는 동안 높은 집중력과 체력을 요한다. 이런 라운드를 하루에 두 번 진행하는 것은 체력적으로 준비가 잘 되어있지 않으면 좋은 컨디션을 유지하기 힘들다. 체력을 유지하는 전략으로 라운드에서 체력을 덜 쓰고 유지하는 방법도 중요하다. 이걸 에너지 세이브(Energy Save)라 한다.

이런 에너지 세이브를 잘 할 수 있는 방법은 불안을 덜 느껴 공포반응을 보이지 않도록 하거나 나타나더라도 약한 반응으로 조절하

---

[79] Lang (1968, 1978, 1979).

는 것이다. 그 조절이 가능해지면 조절된 만큼 에너지(체력)를 아낄 수 있다. 이렇게 축척이 된 에너지는 라운드가 지날수록 집중력에 영향을 미치고 이는 곧 스코어에 직결된다. 이런 마인드 컨트롤은 '주의집중 전략'에 매우 중요하다. 박상현 선수는 에너지 세이브 할 수 있는 좋은 전략을 갖고 있는 것이다. 중압감이 높을수록 체력 소모는 더 크고 더 빨라짐으로 긍정적인 마인드로 체력과 집중력을 유지해야 한다.

03. 샷(Shot), 무에서 유로 만드는 과정

<u>필드의 상황은 언제나 다르고
일생동안 같은 상황은 단 한 번도 없다.
모든 샷은 기존에 없던 새로운 것을 만드는 과정이다.</u>

 골프에서 샷은 수행력의 결정적 핵심 행위로서 그 중요성은 절대적이다. 따라서 샷이 만들어지는 뇌의 신경생리학적 기전과 관계를 규명할 필요가 있다. 샷을 위한 의사결정에 필요한 정보를 취합하고 분석하고 평가하는 인지과정을 능동적으로 처리하기 위한 필수 조건이 정보처리(information process) 능력이다.
 정보처리 능력은 골프장 환경이나 볼의 라이, 핀 위치, 장애물 위치 등의 상황에서 정보를 능동적으로 처리하는 과정으로 정보를 기억(memory)하고 저장 시스템(storage system)이 수용하여 처리한다. 골퍼는 골프장이 제시하는 상황(라이)의 정보를 받아들여 내적인 처리 단계를 거쳐 반응(분석, 평가, 결과)한 결과가 샷으로 발현된다. 결국 인지적이고 의식적인 사고 과정을 통해 만들어 지는 것이다.
 사고 과정은 그림 20번처럼 소요되는 시간은 자극과 반응에서 일어나는 과정이 일련의 계열적인 단계로 구성되어 있다.[80] 정보처리 과정에는 공통적으로 몇 개의 과정이 있다. 샷의 정보처리부터 실행까지 구현하는 흐름에서 특정 계열적 과정에 따라 시간이 달라진다.

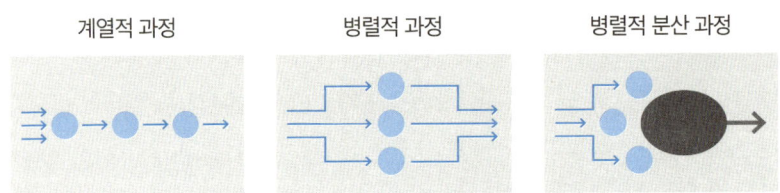

그림 20. 정보처리 형태

정보처리의 형태는 계열적 과정(serial processing)과 병렬적 과정(parallel processing), 그리고 병렬적 분산 과정(parallel-distributed processing)으로 구분된다. 계열적 과정은 정보가 순차적으로 처리되는 것이고, 병렬적 과정은 두 개 이상의 정보가 동시에 처리되는 과정이다. 그리고 병렬적 분산 과정은 과제의 요구나 환경 조건, 수행 장의 과거 경험이나 현재의 의도 등에 따라 되는 것이다.

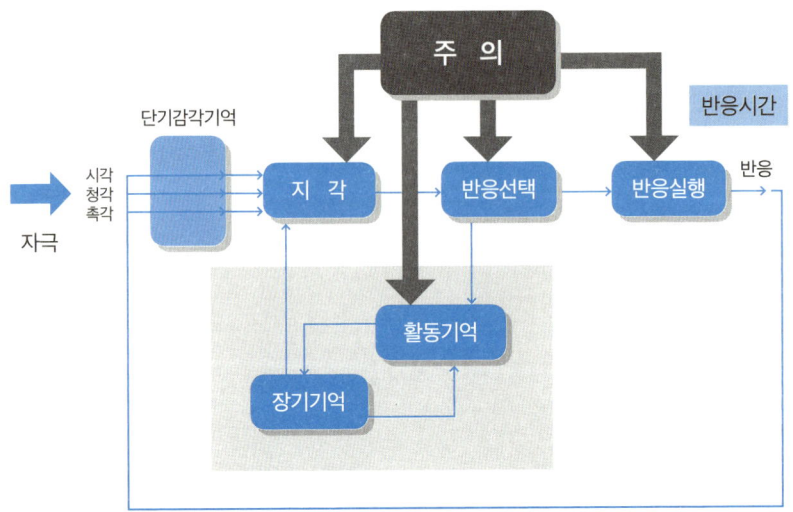

그림 21. 인간 정보처리 모형

---

80 Donders (1969).

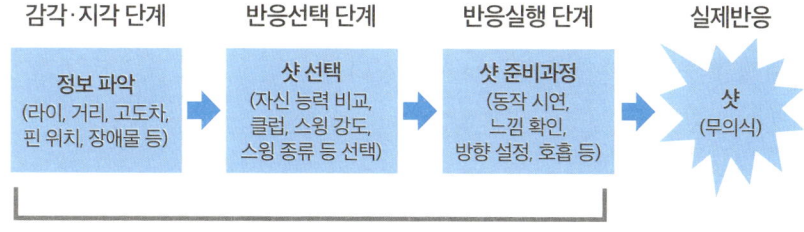

그림 22. 샷의 정보처리 과정 모형

그림 21번은 인간의 정보처리 과정이다.[81] 정보처리 과정은 환경에서 제공되는 정보가 감각을 통해 들어와 지각되고(감각·지각), 그 정보에 따라 적절한 반응을 선택하여(반응선택), 그 반응을 실행하는(반응실행) 단계를 거친다.

샷을 하는 환경의 정보를 시각, 청각, 촉각 등 다양한 감각을 통해 받아들이고, 이를 분석, 평가하여 어떤 샷을 할지 선택하고(클럽선택, 강도, 스윙 등), 샷을 실행하는 단계(루틴, 집중 등)을 거쳐 샷(반응)하는 것으로 이 과정을 샷의 정보처리 과정이라 한다(그림 22).

감각·지각 단계

샷이 이루어지는 환경(라이, 바람, 고도, 거리, 핀 위치, 장애물 등)을 다양한 감각(시각, 청각, 촉각, 미각, 후각 등)을 통해 정보를 받아들이는 단계이다. 골퍼의 지각능력은 경험과 경기력의 수행 수준에

---

[81] Wickens (1984).

절대적인 영향을 받는다.[82] 경험이 많고 경기력이 좋은 골퍼가 수행에 필요한 정보를 효율적으로 지각한다.[83]

반응선택 단계

반응선택 단계는 감각을 통해 수집된 정보를 토대로 샷에 사용할 클럽, 스윙 강도, 스윙 기술 종류 등의 의사결정(shot making) 단계이다. 명확한 의사결정을 위해 이전 기억을 사용한다. 이때 정보와 반응 간의 관계에 따라 그 처리 속도가 결정된다. 즉, 다양한 자극에 대하여 수행해야 할 반응의 수가 많아서 선택해야 하는 대안의 수가 많을수록 그리고 자극과 반응 간의 부합성이 약할수록 그 처리 속도는 늦어진다. 이러한 현상은 많은 연습과 경험을 통해 자동화와 부합성을 높이면 극복할 수 있다.

반응실행 단계

반응실행 단계는 실제로 샷을 위해 운동 체계를 조직하는 단계이다. 어떤 샷을 할지, 샷에 필요한 근육의 적정한 힘과 타이밍으로 효율적인 움직임을 수행할 수 있다. 실재 샷 이전에 이루어지는 루틴도 반응실행에 속한다.

---

[82] Schmidt and Wrisberg (2000).
[83] Williams and David (1998).

04. 샷으로 들어가는 과정은 언제나 꼬이기 쉽다

<u>많은 정보를 처리하고, 매끄러운 흐름으로
원활한 과정을 통해 샷을 실행하는 것은 쉬운 일이 아니다.</u>

 앞에서 샷을 만드는 정보처리 과정은 감각·지각(정보 수용)과 반응선택(클럽 선택, 스윙 강도, 스윙 기술), 그리고 반응실행(루틴, 샷) 단계로 구성되어 있음을 설명했다. 이런 절차 처리 과정과 흐름을 설정하고 연습(반복 숙달)을 통해 매끄럽게 처리하는 것이 인지 결단력을 높여 자신감의 감정을 느끼게 해준다.

 감각·지각 과정(정보 수용)에서 많은 정보가 한번에 유입되면 여러 정보의 간섭으로 주의가 분산되어 처리 속도가 늦어진다.[84] 또한 선택적 주의를 하게 되어 강한 정보를 제외하고 중요도가 떨어지거나 관심 없는 정보는 무시·배제시키는 현상이 일어난다.[85] 한 번에 많은 정보를 처리할 때는 시간이 오래 걸리고 강한 정보로 인해 다른

---

[84] Keele (1972).
[85] Cherry (1953).

정보를 잊어버리고 넘어가는 경우가 발생한다. 빠짐없이 정보를 처리했다고 생각하지만 샷 과정을 되돌아보면 그렇지 않을 때가 있다.

반응선택 과정(클럽 선택이나 스윙 강도, 기술을 결정하는 단계)에서도 많은 정보와 생각은 인지적 간섭 현상이 발생한다. 의사결정에 결단력이 약해지고 그로 인해 클럽 선택 시간도 길어지는 것이다. 샷 계획에서 정확한 의사결정은 정서와 인지적 부분을 모두 포괄하는 영향을 준다. 애매하고 확신이 없는 선택에서 수행까지 전체적으로 부적 영향을 준다.

반응실행 단계에서는 근육으로 전달되는 운동명령이 계열적으로 진행되는 특성을 갖는다. 특히 정보처리 과정에서 부합성이 낮으면 병목(bottleneck) 현상이 발생되고 병렬적 운동명령은 운동처리 속도가 늦어지는 이중자극이 일어난다.

부합성
자극과 반응이 어울리는 성질. 가령 화면의 오른쪽에 나타난 자극에 대해 오른쪽 반응 단추로 반응하게 할 경우 부합성이 높은 것이다.[86]

이중자극
두 개 이상의 정보처리 과정으로 정보가 병렬적으로 동시에 처리되어 두 자극간의 간섭이 발생한다.

샷으로 들어가는 절차와 순서에 따라 이중자극(두 개 이상의 정보

---

[86] 곽호완 외 (2003).

를 동시에 처리)이 없을 때 반응시간은 단축된다. 즉, 루틴이 매끄럽게 이루어지며 반응시간도 단축되어 클럽 선택이나 샷 결정의 속도와 효율성이 향상된다.

*루틴이 빠르고 매끄럽다는 것은
정보 처리가 막힘없이 이루어지고
자신감에 찬 의사결정을 하고 있는 것이다.*

 샷에 필요한 정보를 수집하고 분석하여 클럽을 선택하고 사전 시연을 통해 감각을 느끼는 일련의 과정을 루틴이라 한다. 루틴이 매끄럽고 효율적으로 이루어지기 위해서는 연습량과 자극-반응 부합성이 중요하다. 연습량은 말 그대로 그 일련의 과정을 많은 연습을 통해 숙달도를 향상시키는 것이다. 또한 부합성은 요인 구성도가 중요한데 이는 실재 샷을 위한 정보이며 과정이며 정보처리 단계의 관련성 여부가 중요하다. 5장에서 이야기할 '인지구조 3단계'는 정보처리 접근, 정보처리 형태, 반응시간에 관한 종합적인 제시를 할 것이다.

05. 최상의 신체와 마음을 만드는 방법 = 루틴(Routine)

<u>라운드 준비, 샷 전반의 과정, 다음 샷으로 이동, 실수 이후 등 이 모든 것에 루틴이다.</u>
<u>이 과정에 최상의 심리 상태를 유지하는 것이 비결이다.</u>

루틴(Routine)이라는 것은 우리가 어떤 특정한 작업(하루 패턴, 시합, 이벤트, 삶 등)을 실행하기에 앞서 일정한 습관화 된 동작[87]으로 신체와 심리 상태를 준비하는 과정이다. 루틴은 샷에 들어가기 전에만 이루어지는 과정이라고 오해하는 골퍼가 많은데 루틴을 길게 보면 한 달, 일주일, 하루 등 그 기간을 설정하는 것은 골퍼의 의지와 목적에 달렸다. 라운드를 하는 아침부터 루틴의 시작일 수 있고 샷 이후의 루틴도 존재하며 라운드가 끝나고 하루를 마무리하는 루틴 설정도 가능하다.

---

[87] Weinberg and Gould (1995).

> "지난 몇 달 동안 통증을 전혀 느끼지 않았다. 안전한 신호라고 생각한다. 아직 대회를 시작하지 않았지만 올해 건강한 컨디션을 유지할 것이라는 자신감이 있다. 꽤 많은 시간 동안 휴식을 취했고 올림픽 후 약 4개월 동안 클럽도 잡지 않았다. 12월에 연습을 시작했고 연습 시간을 조금씩 늘려갔다. 지금은 꽤 평상시의 **루틴**으로 돌아왔다"[88]

박인비 선수가 인터뷰 중 말하는 루틴은 자신이 시합을 준비하는 정상적인 하루 일정의 소화를 말하는 것이다. 여기에는 기상하면서부터 연습시간, 하루 일정, 하루 스케줄 소화 등 모든 것이 루틴화 되어 있고 지금 정상적인 컨디션(신체와 마음이 준비되어 있는 상태)으로 돌아오고 있다는 것을 이야기하고 있다.

골프 선수에게 루틴은 중요하지만 골프뿐만 아니라 모든 작업(시합, 일, 시험, 전문적 스킬 등)을 수행함에 있어 불필요한 단서를 차단시켜주고, 수행을 미리 상기시켜 친근감과 수행 촉진을 유발한다. 그리고 사전 과정을 그려보며 일관된 수행과 일관된 결과 도출에 영향을 준다.[89] 이 준비과정을 통해 모든 작업의 완성도가 높아져 자신의 기량과 능력을 100% 발휘할 수 있는 조건을 형성한다.

> 한 고등학교 선배는 그 당시 국가대표 상비군으로 또래 선수들에게 유명했다. 하루는 그 선배가 이런 이야기를 했다.

---

[88] 김병준 (2003).
[89] 정청희 외 (2009).

> "내일부터 10시에 잠자리에 들어서 새벽 5시에 일어나 산에 올라야 해."
>
> 그 이유는 1달 후부터 시작되는 시합 시즌에 신체 리듬을 맞추기 위해 수면 패턴을 바꾸는 것이 목적이었다. 그 이야기에 필자는 놀람을 금할 수 없었다. 골프를 하며 엘리트 선수로 생활하던 나에게 그 누구에게도 그런 부분까지 맞춰야 한다는 이야기를 들어보지 못했기 때문이다. 지금 생각해보면 그것이 시합 전 루틴이고 그 선배는 그때부터 시합 루틴에 들어가고 있었던 것이었다.

100% 기량을 발휘하기 위한 준비 = 루틴

다음 날의 스케줄을 전날 밤이나 이른 아침에 정리해보는 것은 좋은 습관이다. 이것은 수행의 질을 향상시키는 방법으로 루틴과 비슷한 효과를 낸다. 아침부터 시간대 별로 해야 할 일이나 만나야 하는 사람, 미팅의 내용 등과 같이 중요한 것을 정리해보는 것만으로도 머릿속에 하루 일정과 계획을 효과적으로 그려볼 수 있다. 이것이 막연함을 줄이는 루틴의 효과이다. 이렇게 하루가 디자인 된 일정은 자신으로 하여금 다음 일정에 준비하고 대비하게 하며 에너지 조절을 통해 전체적인 일정을 자신이 잘 통제할 수 있게 한다. 이러한 방법은 일정에 따른 집중력과 효율을 높인다.

하루의 일정과 계획이 머릿속에 있는 당신.
수행의 질이 높아진다.

또한 자신의 일과가 시계 종소리와 같이 정확하게 진행된다면 신체, 심리, 기술, 전략, 장비 등 모든 준비에 효과적이다. 또한 자신의 주의집중을 선택적으로 사용할 수 있다. 집중해야 하는 것에만 집중하고, 집중이 필요 없거나, 예측 불가능 한 일은 유연하게 대처하여 인지에너지를 세이브(save) 할 수 있다. 이런 과정을 통해 자신을 이해하고 느끼는 지각력이 높아진다. 마지막으로 심리, 신체, 기술을 통합하여 자신이 원하는 작업에 대한 통찰력이 강화되어 집중력이 증대된다.[90]

이런 루틴의 장점을 잘 이용한 집단이 군대이다. 모든 걸 매뉴얼화하여 교육하고 훈련시켜 루틴의 장점을 극대화 하는 시스템이 바로 군사훈련이다. 부대의 전투력을 평가하는 방법은 '전투 상황에서 얼마나 매끄럽고 신속하게 적절한 대처를 하느냐'이다. 이처럼 최상의 루틴은 상황을 파악하고 필요한 대처를 찾아 물 흐르듯 자연스럽게 수행을 할 수 있게 한다.

골프 역시 골프장에 도착하여 플레이 시작할 때까지의 흐름이나, 플레이에 들어가는 과정과 절차를 만들고 상황에 따라 능수능란하게 필요한 전략을 세워 최고의 경기력을 발휘하기 위한 목적으로 사용된다.

하루 일정을 순서대로 진행하다보면
낭비되는 시간·에너지·절차를 줄일 수 있다.

---

[90] Jim et al (2005).

이처럼 루틴은 경기력에서 중요한 요인으로 잘 계획해서 적용하면 최상의 인지·신체적 상태를 유지할 수 있다. 골프 경기력은 운동 특성상 많은 변수와 연관되어 있어 끝없는 숙달반복을 요한다. 하지만 잘 계획되어진 루틴은 이런 시간과 에너지 관리에 효율적인 도움이 될 것이다.

루틴의 장점과 원리에 대해 이해했다면 다음은 프리 샷 루틴(Pre Shot Routine)에 대해 알아보겠다.

여기서 잠깐! 내 골프 생각해 보기

■ **자신의 시합(라운드) 날 루틴 작성해 보기**
- 선수 기재 방법 : 가장 많이 나가는 시합코스에 8시 Tee-off라고 가정하고 하루 루틴을 기재하고 객관적으로 확인한다.
- 일반 아마추어 기재 방법 : 가장 많이 나가는 골프장에 8시 Tee-off라고 가정하고 하루 루틴을 기재하고 객관적으로 확인한다.

시간 (시 분 ~ 시 분)	활동 내용 (연습장 이동, 골프장 이동)
ex) 4시 30분 ~ 5시 00분	기상, 세면 및 장비와 복장을 갖추고 골프장으로 출발

06. 자신의 공간 안에서 플레이해야 하는 골프 = 프리 샷 루틴(Pre-shot Routine)

<u>최상 샷의 필수 조건인 '프리 샷 루틴'</u>
<u>집중력 향상, 불안감 제거, 자신감 향상을 위한 행동·인지과정</u>

이 루틴은 감정, 인지과정에 도움이 되는 인지·행동적 요인들의 총합으로[91] 집중력 향상, 불안제거, 자신감 향상 등을 목적으로 조합된 일련의 과정이다. 루틴은 말 그대로 모든 일을 처리함에 있어 행동이나 생각의 절차를 만들고 그대로 수행함으로써 3가지 장점을 얻는다.[92] 첫째, 기술을 발현하는데 불필요한 생각이나 감정 같은 방해요인을 차단한다. 둘째, 사전 시현을 통해 기술에 대한 친밀감을 형성한다. 셋째, 수행하기 전에 설정된 과정대로 진행되어 일관된 수행결과를 얻을 수 있다.

이런 효과를 주는 루틴은 샷을 기점으로 전·후로 나누어진다. 샷 전에 이루어지는 루틴을 '프리 샷 루틴(pre-shot routine)'이라

---

[91] Cohen, Rotella and Lioyd (1990).
[92] 정청희 외 (2009).

고 하고, 샷 이후에 이루어지는 루틴을 '포스트 샷 루틴(post-shot routine)'이라 한다. 먼저 프리 샷 루틴에 대해 알아보자.

샷을 만드는 과정에는 정서, 인지, 심리 등 여러 요인이 밀접한 관계를 맺고 있어 수행력은 이런 요인의 상태와 흐름에서 결정된다. 연습 상황과 필드 모두에서 동일한 상태와 흐름을 만들어내야 과감 없는 진짜 실력을 발휘할 수 있겠지만 그건 말처럼 쉽지 않다. 연습 상황에서는 잘하던 수행이 실재 라운드나 시합 상황에서는 잘 되지 않고 어려움을 느끼는 경우가 많다. 하지만 자신이 이런 프리 샷 루틴의 흐름이 좋지 못하거나 완성도가 떨어져 실수하고 있다는 인식을 하기는 쉽지 않다. 이런 문제 원인을 정확히 알지 못하면 엉뚱한 곳에서 그 해답을 찾게 된다.

흐름과 완성도가 떨어져 발생하는 실수를 자기 실력으로 인정하고 그런 실수 역시 스코어의 일부분이라고 순응한다. 모든 골퍼는 실수를 하고 어쩔 수 없는 일이라고 믿는 순간 유리 천장 속에 갇히게 된다. 이런 의식은 교정이 충분히 가능한 실수를 개선 시도조차 없이 내재화하여 진짜 실력이 되어버린다. 이런 인식이 팽배해지면 '연습장 프로'처럼 제한적인 경기력을 발휘하게 된다.

'연습장 프로'는 연습장에서 진짜 실력을 발휘하지만 필드에서는 실수를 연발하고 경기력을 발휘하지 못하는 골퍼를 말한다. 연습장과 다르게 필드에서는 불안, 긴장으로 인한 마음 상태 변화로 이상 행동을 보이며 실수를 유발하여 낮은 경기력을 보인다. 이런 반응은 장기간 지속되며 자신감을 떨어뜨리고 강한 공포감은 더 강한 방어 반응으로 나타나 그 심각성은 커진다. 필드에서 발생되는 마음의 변화는 루틴 연습(훈련)을 통해 집중력, 불안감, 동작 시스템 등을 향상 및 조절할 수 있다. 이런 효과를 보는 프리 샷 루틴을 적용하려면 앞서 언급한 루틴의 패러다임에 대한 이해가 필요하다.

패러다임의 변화

많은 골퍼가 프리 샷 루틴의 중요성을 알고 있다. 골프에 관심이 있는 사람이라면 루틴을 모를 리 없을 것이다. 여러 미디어나 잡지에서도 골프 경기력을 거론하며 루틴에 대해 이야기한다. 1990년대부터 프리 샷 루틴이 강조되어 왔으며 특히 루틴의 통일성에 주안점을 두고 있다. 루틴의 통일성이라는 것은 모든 샷에서 루틴 시간을 맞추는 것으로 그 대표적인 사례가 2015년 LPGA 메이저 대회인 ANA 인스피레이션 마지막 날 김세영 선수가 강한 바람에 루틴이 길어지면서 역전당한 것과 1996년 마스터즈 최종라운드에서 그렉 노먼이 일정한 루틴 시간(26초 내외)이 깨지면서(38초) 역전패한 일화를 들 수 있다. 그러면서 많은 교습가들은 루틴 시간을 유지하는 것을 강조했다. 그러나 루틴의 시간이 중요하지 않다는 것이 아니지만 그보다 중요한 것이 있는데도 불구하고 루틴의 중요성이 시간에만 국한해서는 안된다. 그보다 더 중요한 것은 바로 루틴의 요인에서 얻어야하는 효과에 집중해야 한다.

루틴 효과에 집중한다는 것은 루틴 요인 하나하나를 독립된 개체로 보고 그 하나하나의 효과에 집중하는 것이다. 독립된 요인 하나하나가 모여 루틴 전체를 만든다. 개별 요인들의 집합이 루틴은 그 요인마다 각 목적이 있다는 것이다. 연습과 훈련을 통해 독립된 개체의 목적을 달성하고 전체적인 흐름을 매끄럽게 만드는 것, 인지와 행위 과정을 서로 묶는 역할을 통해 견고해지는 시스템이다.

이전 루틴은 시간의 틀(frame)에 묶여 루틴 시간을 동일하게 해야 한다는 강박적인 사고에서 오는 중압감이 오히려 불안을 유발하여 부정적 효과를 나타냈다. 그래서 선수들이 이런 중압감에 거부감을 느껴 루틴이 필요한 것은 인정하지만 쉽게 접근하기가 어려웠고 오히려 부정적인 영향을 줄 수 있다고 생각하여 기피했다. 오히려 루틴의 일정한 시간은 루틴의 완성도나 숙달도가 높아질수록 일정하게 되는 것이지 먼저 시간을 정해놓고 시간을 맞추는 행위는 행동 루틴에 중압감만 느끼고 효과적이지도 못하다. 루틴은 인지·행동 루틴의 조화가 중요하며 이때 발생되는 자신감, 즉 효과에 초점을 맞춰야 한다. 그래서 장기간 인내와 끈기를 갖고 루틴 훈련을 유지하는 것이 통일된 루틴을 갖게 하는 것이다.

시간의 통일을 강조한 루틴은
오히려 중압감으로 다가온다.
완성도가 높아지면 시간은 일정해진다.

그렇게 시간의 개념에 빠져있던 루틴이 새롭게 조명된 계기는 조던 스피스(Jordan Spieth)의 출연이다. 이전 그렉 노먼이나 유명한 선수들의 루틴을 보면 시간이 일정했지만 조던 스피스가 나타나면서 그 흐름은 달라졌다. 조던 스피스는 시간의 개념을 탈피하고 보다 감각적이고 직감적인 루틴을 선보였으며 이전과 다른 패러다임을 제시하였다.

그의 루틴은 오직 과정에서 얻을 수 있는 효과에 집중하고 있다. 시간의 틀이나 동작의 횟수가 아닌 지금 이 루틴에서 얻어야 하는 효과에 집중했다. 그 예로 조던은 퍼팅에서 리허설 스트로크를 하지 않는다. 그 이유는 간단하다. 그것은 퍼팅의 감각은 첫 번째가 가장 좋다고 생각하기 때문이다. 그는 연습 스트로크를 하면 오히려 감각이 무뎌진다고 이야기한다. 그 대신 다른 부분에 좀 더 신경을 쓰는데 바로 정렬에 대한 자신감이다. 볼의 라이를 측정하고 정렬한 후 세밀하고 신중하게 정렬 수정 작업을 통해 자신감을 얻는 것에 몰입했다. 리허설 스트로크보다 정렬에 더 집중하여 확신이라는 자신감을 느낄 때까지 수정하고 재수정하는 과정에 시간을 할애했다. 이 과정은 횟수나 시간에 제한하지 않아 퍼터 루틴 시간은 매 번 다르다.

조던의 시합을 보면 퍼팅 정렬을 수정하는 횟수가 2~7회까지 매번 달라진다. 그러다보니 시간이 일정할 수 없다. 시간보다 중요한 자신이 느끼는 감정에 더 많은 투자를 하는 것을 볼 수 있다.

이렇듯 루틴은 인지·행동적 요인의 총합으로서 그 속에 요인 하나하나가 연속적 배열로 이루어져 있어 단계에 맞는 효과를 얻는 것이 중요하다. 그런 흐름으로 요즘에는 PGA 선수 중 리허설 스트로크를 하지 않는 경우를 종종 볼 수 있고 더욱 감각적이고 직감적으로 루틴이 변해가고 있다.

루틴의 역할

모든 루틴은 인지적 요인과 행동적 요인이 있는데 이는 상호 보완적 관계이기 때문이다. 인지적 요인은 수행에 필요한 생각, 인식, 느낌 등과 같이 머릿속에서 이루어지는 과정이며 행동적 요인은 움직임, 동작처럼 행위적인 요인이다.[93] 기존 루틴에 대한 정보는 대체적으로 행동적 요인에 쏠려 있다. 선수들의 루틴을 시각 정보로 받아들이면 쉽게 답습하고 빠르게 비교분석 가능하기에 루틴의 흐름을 만들기 쉽다. 그러다보니 행동적 요인에 집중하여 형성되는 경향이 있다. 이런 편중된 형성과정은 루틴 요인의 불균형을 초래하여 효과를 반감시킨다. 요인의 불균형은 루틴 효과의 하나인 외부 정보 차단 기능을 약화시킨다. 이는 행동적 요인을 아무리 세밀하게 구성하더라도 행위와 행위 사이의 생각과 느낌을 통제하는 인지 요인이 없어 불필요한 느낌, 생각, 인지 등이 유입된다. 이는 대부분 부정적인 것으로 불안이나 초조, 걱정을 유발하여 실수 확률이 높이는 원인이다. 그래서 루틴에는 보이지 않는 인지 루틴의 완성도가 중요하고 행동 루틴의 공간을 채우는 역할을 해야 한다. 요인 간 비율이 50:50일 필요는 없다. 샷의 특성, 개인의 기술 수준, 개인 선호도에 따라 비율을 달리한다. 기술적 수준이 미흡하다면 행동적 요인에 집중하여 시연이나 부분 동작을 통해 자신감을 얻을 수 있고, 기술 수준이 높으면 내적 심리 상태에서 발생하는 반응에 집중하여 심상, 이완을 사용 할 수 있다. 개인의 선호도에 따라서 지배적으로 작용하는 지각 형태,

---

[93] Cohn et al (1990).

개인의 불안 또는 각성수준의 차이, 그리고 개인에 따른 전략 수행의 속도에 의해서 인지·행동적 전략이 달라진다.[94] 행동과 생각의 조화를 적절히 맞추는 것이 루틴 효과를 결정짓는 중요한 요소이다.

---

[94] 김병현 외 (2000).

07. 샷 이후에도 진행하는 루틴이 있다
포스트 샷 루틴(Post-shot Routine)

<u>스윙 결과에 대한 감정 자각(Self-Awareness)</u>
<u>어떤 결과든 수용(Acceptance)하는 자세</u>
<u>다음 플레이를 위한 해결책(Solution) 적용</u>

  샷 전에 이루어지는 프리 샷 루틴(pre-shot routine)에 대해서는 중요성이 대두되며 적용하는 방법과 절차, 효과에 대해 정보가 어느 정도 제공되고 있지만 샷 이후에 이루어지는 루틴에 대해서는 정보를 얻기가 쉽지 않다. 모든 샷은 결과가 따르고 목적과 기준에 따라 긍·부정적 평가가 이루어진다. 이런 평가에는 감정이 유발되고 다음 플레이에 영향을 준다. 기대하는 샷의 결과가 나오지 않아 부적 감정이 초래하면 경기력에도 부적 영향을 준다. 부적 감정은 다음 샷, 다음 홀에 영향을 줘서 다시 실수를 초래할 수 있다. 이런 실수의 반복을 방지하기 위한 조치가 중요하고 이것이 바로 필드 운영 전략이 된다. 샷 이후 어떤 결과에도 다음 플레이에 긍정 효과를 제공하기 위한 대처 전략으로 사용하는 행동, 인지 패턴을 포스트 샷 루틴(post-shot routine)이라 한다.

어떤 결과가 나타나든 흥분이나 분노, 화 등의 감정은 신체변화를 초래하고 이런 변화가 스트레스 반응처럼 교감신경계를 활성화시킨다. 심박수 증가, 근경직, 얕고 잦은 호흡 등으로 안정 시의 생리상태가 아닌 다른 상태에서 샷을 하기에 실수 확률이 그만큼 높아진다. 이런 반응에 대처하고 다음 플레이에 최상의 신체·심리 상태를 유지하여 안정적 경기력을 나타내기 위해 샷 이후의 루틴이 중요하다. 골프는 72번의 샷과 스트로크로 이루어져 있어 한 번의 샷이 아닌 연속적인 플레이를 종합하여 경기력을 형성한다. 매 샷의 결과로 인해 달라지는 심리·생리 상태가 아닌 안정성은 샷의 일관성과 연관된다.

샷의 결과가 좋든 싫든 다음 플레이에 영향을 받는다는 것은 골퍼 입장에서는 공평하지 못한 것이다. 매 샷의 결과로 인해 발생하는 알지 못하는 미지의 영역이라는 변수는 누구도 조절할 수 없다. 이런 불가결한 요인이 다음 플레이에 영향을 주는 것을 최소화하고 이를 통제할 수 있는 수단이 필요하다. 샷의 결과는 그 즉시, 그 현장에서 정서, 기술, 해결 방법 등 모든 것이 정리되어야 생산적인 플레이가 가능해 진다.

그림 23. 샷 이후 루틴(Post-Shot Routine)

좋은 결과든, 좋지 못한 결과든 모두에서 적절한 대처법을 사용해야 한다. 모든 행위는 감정을 동반하며 감정 발생을 거부하거나 통제하는 것은 불가능하다. 이런 감정을 알아차리고 수용하는 것이 오히려 효과적이다. 좋은 결과가 나오면 희열, 짜릿, 기쁨, 환희 등과 같은 정적 감정이 발생하고, 실수나 좋지 못한 결과가 나오면 짜증, 분노, 화, 낙담, 실망 등과 같이 부적 감정이 발생된다. 앞에서 이야기했듯이 기대의 강도에 따라 결과에서 오는 감정의 강도 역시 달라진다. 기대가 높았다면 강한 감정이, 기대가 낮았다면 약한 감정이 발생할 것이다.

이때 발생하는 감정에 대해 있는 그대로 바라봐주려는 노력을 해야 한다. 좋은 샷에 기뻐하는 자신, 실수한 샷에 낙담하는 자신 등 어떤 감정이라도 발생과 동시에 알아차림 하는 것이 중요하다. 알아차림이 빠를수록 대처 역시 빨라 큰 감정에서 발생하는 문제나 실수를 반복하는 것을 방지할 수 있다. 자신의 관점이 외부로 향해 있거나 결과 그 자체에 있다면 감정 알아차림이 늦어지고 부적 영향으로 감정에 휘둘리게 된다. 안정적인 내면 상태의 기준을 알고 그 상황을 지속적으로 들여다 볼 수 있는 습관이 안정적 플레이의 시작이다. 자신의 감정에 관점을 두는 것만으로도 감정 기복의 폭을 줄이고 안정적 경기력을 보일 것이다. 다음 장에서 자신의 내면을 들여다보는 방법과 대처에 필요한 보완적 방법을 제시한다.

자신의 감정을 직시하고 난 후 그 감정을 수용(acceptance)하는 것이 필요하다. 수용이란 인간으로서 개인의 가치를 긍정적으로 인식하고 [95] 무비판적으로 받아들이는 것이다. 샷의 결과가 좋든 그렇지 않든 모두 자신이 실행한 결과로 인정이 필요하다. 분노, 짜증, 화, 자만, 기쁨, 짜릿 등 모든 감정이 다음 플레이에 부정적인 영향을 주기에 있는 그대로 받아들이고 끝난 샷에 대해 수용하는 자세를 취해야 한다. 어떤 결과든 그 또한 내가 행한 실행이라는 마음으로 결과를 온전히 받아들이고 다음 플레이에 최선을 다하기 위해 수용하는 마음이 필요하다.

실수가 나왔다고 짜증, 분노, 화 등 부적 감정을 표출한다고 변하는 것은 아무것도 없다. 또한 좋은 샷이 나왔다고 기쁨, 환호, 자만 등 정적 감정을 나타낸다고 또 좋은 샷이 나오지는 않는다. 이 모든 감정의 표현은 오히려 평정심을 흐트러뜨리고 흥분을 유발할 뿐, 감정 기복은 경기력에 이롭지 못하다.

자각과 수용으로 자신의 내면을 직시하고 온전히 받아들인 후 마지막 과정으로 해결책(solution)을 제시해야 한다. 이는 좋은 샷이었을 때는 강화의 목적으로 사용하고, 실수였다면 즉각적인 해결 방법을 제시하는 과정이다. 좋은 샷이든 그렇지 않든 우선 결과에 대한 원인을 찾아야 한다. 기술적 요인이든, 심리적 요인이든 찾아내서 다음 플레이에 적용해야 한다. 이 과정을 통해 문제의 발생이라는 불규칙적인 상황에 대처할 수 있으며 라운드 전략으로 사용할 수 있다. 이것을 효과적으로 사용하기 위해서는 현재 자신이 갖고 있는 문제점과 해결 방법을 인식하는 것이다. 이러한 방법은 필드에서 실수를

---

95 이철수 (2009).

했을 때 잘못된 부분에 대한 즉각적인 운동 감각 보상을 통해 다음 샷에 같은 실수를 방지할 수 있다.

다음 샷이나 플레이에서 더 좋은 샷을 원하고 같은 실수를 방지하기 위해 샷 이후 그 자리에서 즉각적인 리허설 스윙을 하는 것이 운동 감각을 강화·보완 시킨다. 이런 목적에 부합하는 적용성이 높아질수록 주도적 문제해결과 대처의 효율성이 향상된다. 자기 스윙의 장단점을 숙지하고 실수의 유형과 기술적 오류에 대한 이해가 있어야 기술적 자각(self-awareness)이 가능하다. 그 후 샷을 마치고 난 후 리허설 스윙이나 분습법(부분으로 나누어 실행)을 통해 문제가 된 동작을 확인하는 과정에서 강화 및 보상이 이루어진다. 기술적 자각이 되면 실수 후 즉각적으로 적용할 수 있다. 이런 기술적 해결책은 감정의 유발을 미연에 방지하고 이성적이며 자신감을 유지하는 강화 시스템으로 감정 조절에 도움 된다.

실수
= 그 자리에서 즉각적인 보상 동작으로 다음 샷에 대비하자.

해결책을 적용하는 과정은 뒤에서 다룰 체크리스트와 리허설 스윙에서 보다 자세히 설명하겠다. 즉각적인 해결책 제시는 실수를 그 현장에서 수정·보완하여 감정 유발을 억제하고 이성적 판단과 평정심을 유지할 수 있도록 작용한다.

이렇듯 샷 이후의 과정을 통해 감정을 직시하고 받아들이며 해결책 제시를 통해 기술적, 심리적, 감정적 대처가 가능하다. 이러한 대처는 이 후 이루어지는 샷이나 라운드에서 성공적으로 접근할 수 있는 밑그림의 시작점으로 설정해야 한다. 기대와 욕구에 따른 감정적인 대처가 아닌 이성적이고 성장하는 라운드로 만드는 것이 포스트 샷 루틴(post-shot routine)의 목적이다.

좋은 샷이 나왔을 때

드라이버 경우 좋은 샷이 나왔을 때 볼이 날아가 완전히 멈출 때까지 바라보지 않을 때가 있다. 자신이 원하는 지점으로 볼이 날아가기 시작하면 잘 갈 것이라는 생각으로 볼을 끝까지 응시하지 않는다. 볼의 시작만 바라보고 결과를 생각하며 티를 줍기 위해 고개를 떨어뜨리는 습관은 '긍정 회상 카드'의 자원 형성을 방해한다. 심상 훈련의 기초 자료가 되는 긍정 회상 카드를 작성하기 위해서는 기본적으로 볼의 궤적을 시각, 청각, 촉각 등 다양한 감각을 이용하여 기억하고 인출 작업을 해야 하는데 이런 습관은 시각의 정확성과 명확성 형성을 방해한다. 좋은 샷은 더 철저하게 긍정적인 감정을 느끼며 날아가는 볼을 끝까지 쫓으며 즐겨야 한다. 긍정 삽화 기억으로 만들기 위해서는 감정과 사건을 한데 묶어야 가능하다. 그런 행위의 목적을 부여하며 목적의식 재고와 주의를 두면 기억 효과를 높일 수 있다.

좋은 샷의 발현에 관한 기술측면에 대한 해석은 다음 샷, 홀에서 사용할 수 있는 '기술 자각'이 된다. 어떤 동작, 어떤 기술이 잘 이루어지면 좋은 샷으로 연결되는지 자각된다. 무엇이 매끄러웠는지 느끼고 기억하며 탐닉하려 할수록 문제 발생시 능동적 대처가 가능해진다. 긍정 회상 카드와 기술 자각은 뇌 저장 공간에 더 오랜 시간 저장되고 다음의 비슷한 환경에서 심상 카드로 꺼내 쓸 수 있는 좋은 자료로 사용된다.

> **좋은 샷이 나왔을 때 행동 요령**
> 1. 날아가는 볼을 끝까지 쫓으며 긍정적인 감정을 느껴라.
> 2. 기술, 동작, 타이밍 등 될 수 있으면 많은 감각을 느끼려 노력해라.
> 3. 뇌 기억 저장장소에 저장한다는 목적의식을 갖는다.
> 4. 비슷한 상황일 때 기억저장 장소에서 꺼내어 인지구조 1단계 '회상' 작업에서 사용하라.

좋은 못한 샷이 나왔을 때

좋은 샷과 반대로 좋지 못한 샷이 나오면 우리는 짜증이나 분노를 느끼며 볼을 끝까지 쫓는다. 볼이 어디로 떨어지는지, 볼이 어디로 튀는지 확인하기 위함이다. 그러다 보니 장기기억으로 저장되기 좋은 조건이 형성된다. 강한 감정과 이미지가 한 묶음으로 저장되기 때문이다. 부정적인 감정과 사건의 조합이 이루어진다.

우리의 뇌에는 이런 수많은 부정적인 기억으로 방어반응을 일으키고 이는 경기력에 부적 영향을 준다. 샷에 대한 기대심이나 욕구를 없앨 수는 없지만 최대한 감정을 배제하고 있는 그대로 수용하려 노력해보자. 최악의 경우라도 다음 플레이에 어떤 최선을 할 것인지 고민하는 것이 현명한 대처이다. 우리에게 그것만이 최선이고 지금 자신이 할 수 있는 유일한 일이다. 그리고 무엇이 실수의 원인인지 탐색하고 확인하며 같은 실수를 두 번 반복하지 않도록 대안에 신경 쓰자. 누구나 실수는 할 수 있고 골프는 실수가 내재되어 있는 스포츠라는 걸 잊지 말자.

> **좋지 않은 샷이 나왔을 때 행동 요령**
> 1. 최대한 감정을 싣지 말고 볼을 쫓아라.
> 2. 감정이 올라오는 것을 자각하고 객관적으로 무엇이 문제였는지 빠르게 찾아본다.
> 3. 즉각적으로 잘못된 동작을 수정하며 리허설 스윙으로 각인시킨다.
> 4. 그것 또한 자신의 실력이라고 받아들이고 다음 샷에 만회하기 위해 노력한다.
> 5. 실수는 누구나 하고 골프의 일부분이라고 받아들이고 평정심을 유지하자.

MEMO

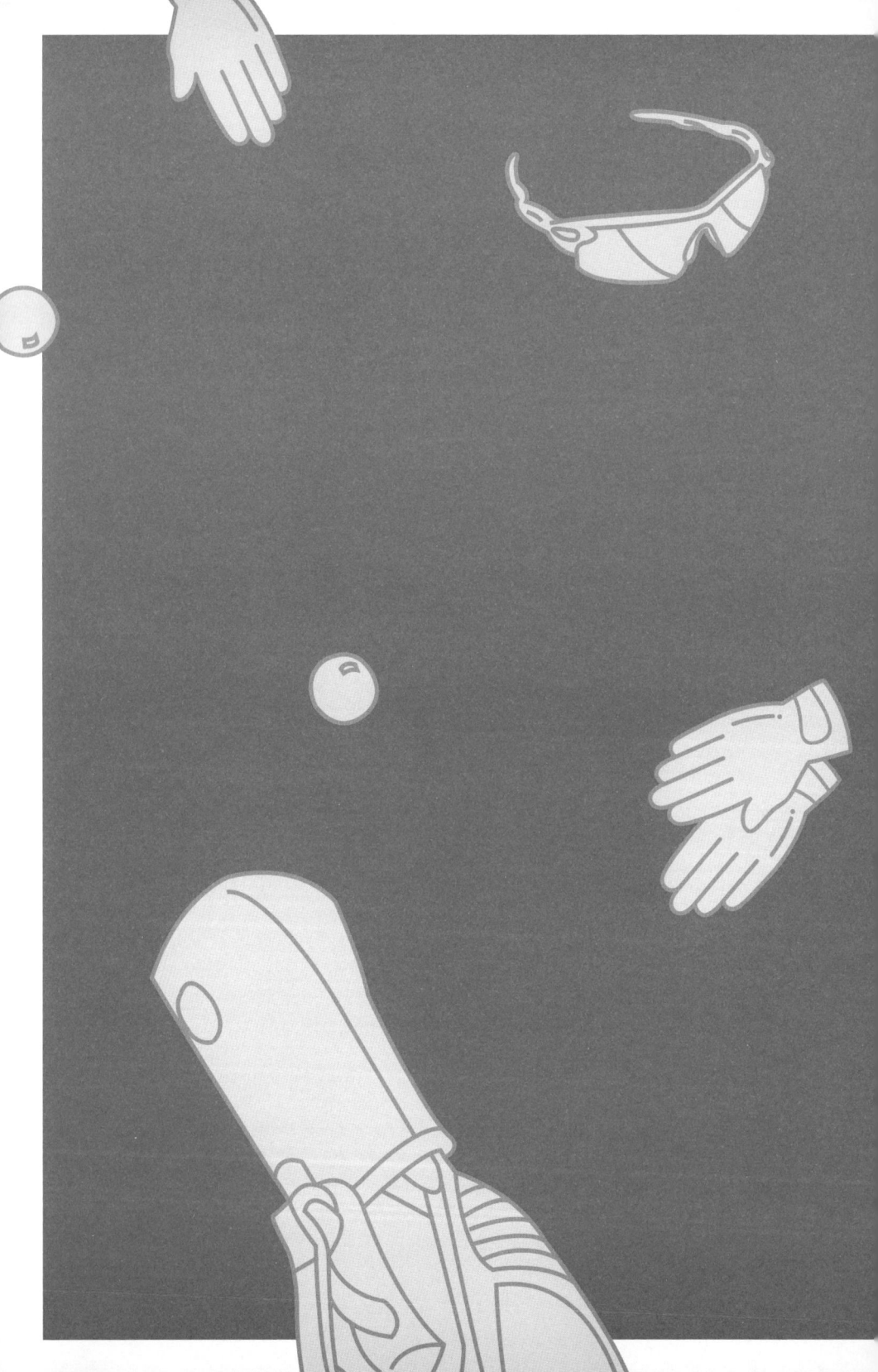

Chapter 5

샷으로 들어가는 과정

1. 정보처리 이론의 집합제 '인지구조 3단계'

2. 인지적 절차의 총정리 : 1단계, 생각 영역(Thinking zone)

3. 확인해야 하는 목록 만들기 '체크리스트'

4. 내 몸과 마음에 집중하기 : 2단계, 이완 영역(Relax zone)

5. 인지·신체 준비 끝, 주의집중만 남았다 : 3단계, 몰입 영역(Flow zone)

Chapter 5
샷으로 들어가는 과정

　샷 만드는 과정이 산만하고, 필요한 정보에 적절한 주의를 두지 못하고, 한 곳에 집중하지 못하면 자신의 진짜 실력을 발휘하는 것은 어렵다.

　필요한 정보를 취합하고, 주의를 기울이는 과정을 만들고, 넓은 곳에서 좁은 곳으로 집중을 옮기는 일은 샷의 중요한 과정이다. 그렇듯 샷 만드는 과정이나 절차에 대한 설명과 훈련은 기술을 익히는 일만큼 중요하다. 하지만 이런 절차와 과정에 대한 정보를 얻는 것은 쉽지 않다. 오로지 오랜 시간 골프를 경험하고 자기 스스로 습득하는 것 밖에는 없다. 그러다 보니 과학적인 절차나 검증, 견고함이 떨어지기에 과정의 완성도는 낮을 수밖에 없다.

　샷 만드는 과정은 인지·행동 절차를 통해 형성되지만 현장에서는 행동(샷, 기술)에 많은 초점을 두고 접근한다. 그런 접근은 골프 티칭에서도 두드러진다. 미디어나 서적에서 주로 다루는 내용 역시 기술에 많은 부분 할애하고 초점을 둔다. 샷이 이루어지는 절차와 과정에 대한 중요성이나 티칭 영역의 배제는 인지적 오류를 발생하게 되고 이를 인식하지 못하게 하는 현상, 즉 부주의 맹시에 빠지게 된다. 인지되지 않고 관심이 없기에 주의를 두지 않고 보이지 않는 현상이다.

앞서 배운 동작 시스템은 샷을 준비하며 정보처리에 중요성을 강조했다. 하지만 현장에서는 기술 위주의 티칭과 관점으로 편중된 지도 방향을 제시하고 있다. 의외로 필드에서 정보처리부터 인지·행동 과정까지 발생하는 실수는 생각보다 많다. 이 장에서는 필드 현장에서 사용하는 샷 만드는 과정을 집중적으로 알아볼 것이다. 감정을 조절하는 방법과 이완을 위한 절차, 집중에 필요한 단서 등은 어떤 단계를 거치며 어떤 효과를 얻는지 세밀하고 다각적으로 접근해보고자 한다.

01. 정보처리 이론의 집합체 '인지구조 3단계'

<u>정보처리의 계열적 과정, 이중자극,
자극-반응 부합성을 모두 고려한 단계
자연스러운 흐름과 최고 몰입을 위한 인지·생리·심리의 흐름과 절차</u>

앞에서 배운 것과 같이 정보처리 과정은 샷이 만들어지는 절차에서 중요한 역할을 한다. 이 과정이 매끄럽지 못하거나 꼬이면 좋은 결과를 기대하기는 어렵다. 절체절명의 순간, 집중력이 필요한 찰나, 순간 높은 중압감과 불안감은 스트레스 반응을 유발하고 이는 인지 활동에 문제를 발생한다. 정보처리 과정에서 분석되어야 하는 부분을 배제하거나 놓치는 실수를 한다. 극심한 중압감과 불안감은 뇌의 인지 기능을 떨어트려[96] 실수를 유발한다.

중압감과 불안감을 뇌의 인지 기능을 저해한다.

---

[96] McEwen and Lasley (2002); Sapolsky (1998); McGaugh (2000); de Quervain et al (2009).

우리는 보다 안정적이고 효율적인 성과를 위해 체계적 절차로 이루어진 과정이 필요하다. 이는 '인지구조 3단계'를 제시하며 정보처리 이론에 부합하여 각 단계에서 최상의 효과로 최고의 샷에 필수 조건을 충족시킬 것이다. '인지구조 3단계'는 모든 과정과 요인 배치 자체도 계열적으로 구성되었다. 그림 24를 보면 각 단계와 그 과정의 행동·인지 요인을 구체적으로 기술되어 있다.

이런 과정은 샷 만들기를 위한 환경 분석부터 행위적 마무리까지 샷이 이루어지는 시간과 공간에 따라 구분하였다. 시간과 공간의 구성은 골퍼로 하여금 습득과 적용, 응용을 보다 쉽고 자연스럽게 하기 위함이다. 인지구조 3단계가 숙달되면 필드에서 발생되는 다양한 상황에 대처하여 응용과 조절이 용이할 것이다. 필요에 따라 원하는 구간의 시간과 행위를 조절하여 상황에 맞춰 필요 요인에 대한 강화가 가능하여 강한 자신감 유발에 효과적이다.

시간과 공간의 흐름에 따라 구성된 인지구조 3단계

이렇게 생각의 의식을 두는 것을 집중(concentration) 또는 초점(focus)이라고 하며 이 모든 것은 주의에 포함된다.[97] 이런 주의집중은 3가지 특징을 갖고 있다.[98] 첫째, 주의는 제한적이다. 즉 인간이 인시석인 의식을 두는 것에 제한이 있으며, 한 가지 생각에만 몰두할 수 있고 정보를 받아들여 한 번에 처리할 수 있는 능력에는 한계가 있다는 것이다.

---

[97] James. (1890).
[98] Vealey. (2005).

둘째, 주의는 선택적이다. 의도와 목적에 따라 선택적으로 주의를 두고, 필요하지 않으면 배제하여 수행에 필요한 정보만 선택적으로 받아들일 수 있다. 가령 샷의 기술적 측면이나 외부적 환경에 주의를 선택하여 기울일 수 있는 것이다. 또한 주의는 시간적인 순서 즉, 계열성이 있다. 시간이 흘러감에 따라 주의는 여러 가지 다른 활동으로 전환될 수 있으며, 이러한 전환을 통하여 처리되는 정보를 취합하여 통합시킬 수 있다.[99]

셋째, 주의는 각성과 연관된다. 주의를 쉽게 표현하면 정신을 차리고 환경 정보에 예민하게 반응하는 것으로 활성도와 의식적인 반응을 갖는 상태이다.[100]

이렇듯 주의는 자신의 긴장 정도에 따라 정보처리 역량이 결정된다. 또한 행위에 필요한 정보를 선택적으로 받아들이고 일정한 절차를 갖는 인지적 과정이다. 이 특징을 잘 사용한다면 수행력을 한 단계 향상시킬 수 있다.

주의집중의 특징
1. 주의는 제한적이다.
2. 주의는 선택적이다.
3. 주의는 각성과 관련이 있다.

샷이 만들어지는 과정을 보면 많은 정보를 취합하여 평가하고 그

---

[99] 김선진. (2009).
[100] Easterbrook.(1959).

에 맞는 선택과 방법을 결정한 후 운동감각과 신체조절을 통해 구현된다. 환경 분석, 자신의 능력, 문제해결능력, 운동 감각 등과 같이 많은 정보처리 과정에 흐름을 만든 연속적인 배열은[101] 자연스러운 주의집중을 형성한다. 적절한 단서와 시간적 흐름을 타고 넓은 주의에서 좁은 주의로 이동하며 적정 각성으로 들어가는 '인지구조 3단계'의 심리 요인과 특징은 그림 24, 표 4와 같다.

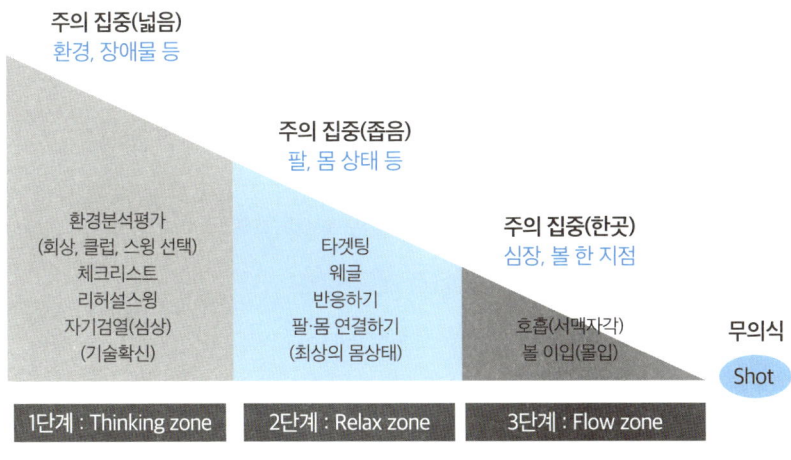

그림 24. 인지구조 3단계 및 심리요인

요 인	1단계	2단계	3단계	shot
주의집중 용량	6~7개	4~5개	1~2개	1개
주의집중 요인	외·내적	내적	외적	외적
주의집중 각성수준	각성 낮음 각성 높음	←	→	적정 각성

표 4. 인지구조 3단계별 특징

---

[101] 정청희 (2001).

골프의 운동적 특성을 내포하고 있는 인지구조 3단계를 나누는 조건은 시간과 공간이다. 1단계는 샷에 필요한 정보를 취합하고 분석하여 자신의 능력을 적용하는 시간과 공간의 영역이다. 2단계는 볼에게 들어가 최상의 심리·신체를 조성하는 시간과 공간의 영역이다. 마지막 3단계는 샷 계획, 몸 상태의 준비가 모두 끝나고 마지막으로 주의를 모으고 볼에 집중하는 시간과 공간의 영역으로 구성되었다.

1단계인 생각 영역(thinking zone)은 샷의 계획으로 환경 분석부터 사용할 클럽과 샷 기술 선택(체크리스트), 연습스윙(리허설 스윙)을 통한 자기검열 단계이다. 환경에 맞는 요인을 선택하고 검증하는 과정으로 1단계의 목적은 '기술 확신'이다. 이 기술 확신이 이루어지면 기술, 환경, 라이에서 발생되는 문제에 대한 인지 요인의 정리가 이루어진다. 이런 정리는 다음 단계로 넘어갈 때 인지적 잔상 없이 기술 확신을 갖게 해준다. 확신과 명확성을 갖고 2단계로 넘어가는 것은 중요하다. 주의는 선택이 가능한데 기술 확신이 없다면 과정은 2단계에 있지만 생각은 1단계에 머물러 있는 것이다. 결국 행위는 2단계에 있지만 인지는 1단계에 있어 행동과 인지가 맞지 않게 된다. 주의는 행위에 집중되어 얻어야 하는 목적을 성취해야 하는데 그럴 수가 없게 된다. 가령 클럽 선택에서 확신이 들지 않는 상태로 볼에게 들어서면 클럽 선택에 대한 지속적인 의구심과 걱정으로 집중을 방해하고 생각의 정리가 되지 않아 정렬과 웨글과 같은 2단계의 행위를 하는 것과 같다.

2단계인 이완 영역(relax zone)은 최상의 신체·심리 상태를 만들기 위해 목표에 대한 공간지각능력을 사용하여 불안에서 발생되는

'동결반응(freezing)'을 깨버림으로써(breaking) 행위에 대한 자신감을 느끼는(feeling) 인지·행동의 영역이다. 이 단계의 목적은 '최상의 몸 상태'와 자신감을 만드는 구간이다. 목표지점의 공간 위치를 기억하고, 긴장감에서 오는 경직을 풀고, 자신이 원하는 행위에 대한 믿음을 얻고, 편안하고 부드러운 몸을 만드는 과정이다. 내 정렬과 목표지점의 연결, 매끄러운 샷을 할 수 있는 신체, 기술적 신체 표지 기준에 부합되는 느낌을 얻기 위한 단계이다. 2단계의 목적은 궁극의 '최상의 몸 상태'이다.

3단계의 몰입 영역(flow zone)은 몰입하기 위해 샷 직전 인지 방해가 없고, 자신감에 찬 상태, 최상의 몸 상태에서 마지막 주의집중을 조절하여 최상의 인지 상태를 만드는 영역이다. 순간 호흡을 통해 신체, 몸, 타겟에 흩어져 있는 주의를 심장으로 모으고 이를 볼에게 전의하는 구간이다. 모든 인지, 신체, 신경이 볼에 집중되며 최고의 인지 에너지를 사용함으로써 몰입을 느끼고 샷으로 들어가는 마지막으로 몰입을 얻는 것이 목적이다.

인지구조 3단계를 제시하는 것은 골프가 갖고 있는 환경적 특수성 때문이다. 골프에서 수행이란 같은 코스를 수백 번 라운딩 하더라도 같은 소선에서 두 번 다시 샷(수행) 할 수 없는 스포츠다. 매번 변하는 변수(환경, 라이, 샷 목적 등)로 인해 매번 새로운 샷(수행)을 해야 한다.[102] 일생동안 똑같은 상황에 놓일 확률은 0%에 가깝다. 매번

---

[102] 강방수, 김태연. (2018).

새로운 환경에서 샷을 만드는 절차에는 모든 요인을 내포하고 있어야 하며 만약 누락되거나 배제되면 좋은 샷이 나올 수 없다. 그런데 기술적으로 어려운 샷을 해야 하거나, 생소한 라이에서 당황스러울 때 고려해야 하는 정보를 누락시키는 실수를 자주 한다. 샷으로 들어가는 과정을 통일된 절차로 디자인하고 제시하면 매번 다른 상황에서도 같은 행동양식, 관계, 흐름 등에 응용하고 조절함으로써 그 자체에 의미가 부여된다.[103] 다양한 장점을 통해 경기력을 향상시킬 수 있는 인지구조 3단계의 틀(frame)을 적용하여 사용한다면 수행력의 안정성을 얻고 결과 역시 일정할 것이다.

---

[103] Ewell (1997).

02. 인지적 절차의 총정리 : 1단계, 생각 영역(Thinking zone)

상황에 맞는 매칭 전략과
시뮬레이션으로 샷 만드는(shot marking) 소프트웨어
볼에게 들어서기 전 작전과 전략을 세우는 과정-인지 요인 총집합체

 골프에서 모든 샷(티샷, 세컨, 어프로치, 퍼터 등)에는 외부적 요인(환경, 라이, 목표, 장애물 등)과 내부적 요인(샷 구사 능력, 근력, 믿음 등)의 수집과 평가하는 분석 과정이 필요하다. 이를 인지구조 3단계 중 제 1단계 생각 영역(Thinking zone)에서 이루어져야 하는 요인이다(그림 25).
 이 영역은 인지 요인을 이용하여 샷이라는 문제 해결에 필요한 지각, 분석, 평가, 비교 등 골프 기술 수행의 소프트웨어(S/W)적 접근이다. 볼의 환경(라이, 환경, 장애물 등)을 지각하고 분석하여 원하는 지점으로 보내는 최적의 방법을 결정하고 확인하는 시스템이다. 이 영역의 분석 과정의 견고함 정도에 따라 정확하고 완벽하게 분석, 계획, 실행하는 것에서 골퍼가 느끼는 '기술 확신'의 강도가 결정된다.
 인간은 도전 수준과 자신의 역량(competence)이 적절히 맞을 때

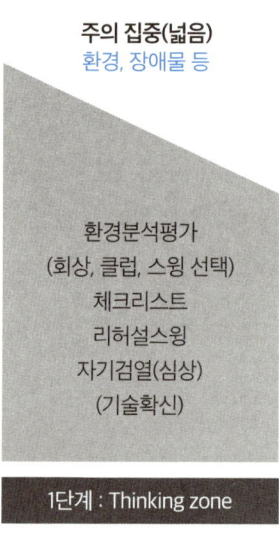

그림 25. 인지구조 1단계 : 생각 단계

흥미를 느끼며 이런 도전에서 능력과 기술의 진보를 이끌어 낸다.[104] 이런 최적의 도전 상황에서 한 곳에 주의가 집중되고 모든 에너지가 쏠리며, 완전히 활동에 집중하는 즐거움을 느끼는 것을 '몰입(flow)'이라 한다. 또한 도전에 따라 자신의 역량을 적절히 펼치는 것이 '성장 동기'를 유발시킨다. 성장 동기는 이전까지 샷을 만드는 체계적인 과정이 없던 골퍼에게는 몰입을 유발하는 거시적 관점을 제시한다.

많은 골퍼는 샷을 계획하는 1단계의 절차를 과소평가하고 주의를 기울이지 않는 성향이 있다. 즉, 환경을 분석하고 자신의 능력을 평가하여 적절한 클럽과 스윙을 선정하는 과정은 크게 신경 쓰지 않아

---

[104] Csikszentmihalyi and Nakamura. (1989).

도 어렵지 않다고 생각한다. 배우지 않고 신경 쓰지 않아도 잘하고 있고 크게 실수나 오류가 없을 거라 생각한다. 그래서 샷 계획의 중요도가 낮아 그 과정에서 발생하는 실수나 연습을 크게 고려하지 않는다. 이런 성향은 프로선수들도 마찬가지다. 샷 계획에 대한 중요성을 간과한 선수들이 시합에서 1단계 과정의 실수를 범하는 것을 자주 볼 수 있다.

의외로 많은 실수가 발생하는 '인지구조 1단계'

1단계의 자신감은 과정에서 발생하는 명확성과 구체성에 따라 달라질 것이다. '1단계에서 이루어지는 과정의 방법을 알고 있는가?', '얼마나 이해도를 갖고 응용할 수 있는가?', '그리고 다양한 상황에서도 같은 결과를 도출할 수 있는가?' 이런 질문의 답이 확실하고 구체적일수록 강한 자신감을 갖고 기술에 대한 확신을 얻을 수 있다. 하지만 1단계에서 생각의 정리가 되고 다음 단계로 넘어가야 하는데 그러지 못하면 2단계에서 1단계 요인에 대한 생각으로 행동과 인지가 맞지 않을 것이다. 이렇게 행동과 인지가 매칭되지 않을 때 혼란스러워지고 집중을 방해하고 불안을 유발한다.

1단계의 요인과 절차를 보면 환경 분석부터 시작하여 자기평가, 체크리스트, 리허설 스윙, 자기검열 순으로 진행된다. 이 과정을 통해 기술 확신을 얻는다. 환경 분석은 거리확인, 고도차이, 바람, 라이(lie), 장애물 등 환경에 관한 분석이다. 이를 통해 목표지점까지의 거리와 기량에 따른 구질과 탄도를 결정한다. 다음은 환경 분석의 결과

그림 26. 생각 단계의 구성

볼 뒤의 공간에 위치해 있으며 캐디와 상의하거나, 클럽 선택에 대한 고민, 리허설 스윙이 이루어지는 공간은 1단계로 구성하는 기준점이다.

를 갖고 자신의 능력을 평가한다. 가령 볼을 135m 떨어져 있는 그린으로 날려 보내야 할 때 어떤 클럽과 어떤 스윙을 해야 하는지 자신의 수행 능력을 고려하여 클럽과 샷을 선택한다. 그리고 사용할 클럽과 라이(lie) 등에서 나올 수 있는 기술·환경적 문제점에 해결책을 적용하여 대처한다.

라이, 환경, 장애물 등을 종합하여 분석하고 환경이나 기술에서 발생할 수 있는 실수나 오류에 대해 신경 써야 하는 기술적인 부분을 '체크리스트'라고 한다. 이 체크리스트는 스윙에 대한 이해 정도, 실수 패턴과 솔루션, 자신의 심리적 이해가 맞물려 도출한다. 그래서 스윙을 배울 때 원리와 이해를 토대로 습득하고 연습 과정에서 발생하는 자신의 기량과 실수 패턴, 라이와 스윙 원리 등을 이해하는 것이 좋다. 이렇게 여러 요인이 혼합된 종합적인 이해를 기반으로 적용된다. 리허설 스윙은 자기 스스로가 고려해야 할 항목들을 확인하는 자기 검열 과정을 통해 자신감을 느낄 수 있다. 이러한 자신감은 1단계에서 얻어야 하는 목적을 원활하게 달성하며 종지부를 찍는 것이다.

이 과정은 캐디와 상의하거나, 거리 확인, 리허설 스윙 등과 같이 준비하는 과정으로 볼 뒤에서 샷을 계획하며 분석하는 위치가 1단계이다(그림 26).

인지구조 3단계는 주의집중을 넓이와 방향에 따라 나누는 이론[105]과 함께 주의를 이끌어내는 선택성과 각성수준을 조절하기 위한 구조로 설정하였다.[106] 앞서 출판한 책[107]에서 제시한 주의집중 4단계 중에 3단계로 수정하였다. 이것은 구조를 단순화하여 샷으로 들어가는 흐름에 맞춰 시간·공간적인 측면에서 보다 효율적이다. 이런 장점으로 필드에서 적용성이나 응용력이 향상되었다.

환경 분석(Environmental Analysis)

환경 분석은 목표까지의 거리, 고도차, 바람, 볼과 어드레스의 라이(lie), 장애물, 캐디의 조언 등을 종합적으로 분석하는 과정이다. 고려해야 할 정보가 많고 자신을 제외한 그 나머지(환경)의 모든 정보를

---

[105] Nideffer and Sagal (2001).
[106] Vealey (2005).
[107] 유충경 (2016).

취합해야 한다. 이 단계는 정확하고 빠른 분석과 의사결정 능력을 갖추어야 한다. 간혹 각성상태가 높은 상황에서 주의영역이 좁아져[108] 고려해야 할 환경 분석 요인을 제외하고 분석하는 경우가 있다. 정상적인 환경 분석은 목표지점의 위치와 거리, 골퍼의 경기력에 따라 탄도, 구질까지 도출한다.

자기평가(Self-Assessment)

자기평가는 환경 분석 결과에 맞는 자신의 능력을 평가하는 것이다. 클럽선택, 스윙 강도, 구질의 선택 등 자신의 능력을 분석하는 과정이다. 자기평가를 위해 사용되는 기준은 이전 경험의 잣대를 이용한다. 연습장이나 필드에서 수행력과 지금 자신의 상황을 비교분석에서 성공적인 수행을 할 수 있는 의사결정을 한다. 이 비교분석의 시작은 이전 기억의 회상(recall)에서부터 시작한다. 지금 상황과 가장 비슷한 조건에서의 샷을 떠올려 기준을 삼는다. 이때 성공한 샷을 떠올리면 강한 정서(자신감)을 얻을 수 있다.[109] 그리고 지금 실행한 샷이 성공적이면 다음 상황에서 사용할 기억이 형성되는 것으로 더 강한 자신감을 느낄 자료가 된다. 이런 선순환은 다음에 비슷한 상황에서도 잘 할 것 같은 느낌을 갖는 데 이것을 지각된 자신감(perceived efficacy)이라 한다.[110]

---

[108] Weinberg and Gould (1995).
[109] Bandura (1977).
[110] Feltz (1988).

이런 효과처럼 매번 좋은 샷을 경험하고 기억하여 되뇌인다면 좋겠지만 인간은 망각의 동물이기에 기억은 시간이 지남에 따라 잊혀지게 된다. 또한 긍정적인 정서 기억은 부정적인 정서 기억보다 각인의 효과가 약해 상대적으로 더 빨리 잊혀진다. 부정적 정서 기억이 강하게 각인되어 샷 할 때 이전 비슷한 상황에서 실수한 기억이 불현듯 떠올라 또 다른 실수를 유발한다. 그래서 긍정적 정서 기억을 오래 저장하고 필드에서 선택적 사용을 위해 '긍정 회상 카드'를 작성하는 전략이 필요하다. 표 5와 같이 정형화 된 양식에는 다양한 정보를 기입하도록 되어있다. 기억의 저장 형태의 다양성과 양식의 일관성을 확보하여 보다 쉽고 편하게 기입하도록 만든다. 좋은 샷을 저장함에 있어 효율성을 높이고 언제, 어디서나 회상할 수 있는 단서와 자료를 제공할 것이다.

일시 : 　년　월　일　골프장 :　　　　　　　　　시합 :

	홀, 몇 번째 샷	최종 거리	선택 클럽, 스윙 강도	그림 설명
샷 내용			,　　　%	
볼 라이 상황	(볼과 어드레스 환경, 핀 위치, 중요 특정 환경 기재)			
신체(기술) 느낌	(스윙을 할 때 기술, 신체의 느낌을 기재)			
스윙 후 든 감정	(성공 후 느낌 감정 기재)			

표 5. 긍정 회상 카드

성공적 샷을 기억하고 회상하기 위한 전략으로 '긍정 회상 카드'와 비슷한 방법을 사용한다. 긍정적인 정서 기억을 이용하기 위해 수첩, 일지 등에 메모하고 시합 전에 라커룸이나 숙소에서 틈틈이 보면서 자신감을 얻고 샷 의사결정에 이용하기 위한 심상 심리 훈련에 사용한다. 실수나 당황했던 기억은 뇌에 각인되어 기억에 오래 남지만 좋은 기억은 그렇지 못하기에 위 카드처럼 다양한 정보(샷 내용, 환경, 기술, 감정, 이미지 등)들을 기입하여 의식적으로 회상훈련에 사용해야 한다. 다양한 감각을 기재하는 것은 기억 효율을 높이기 위한 방법으로 다양한 감각을 이용해 뇌에 저장시키면 단일 감각보다 더 강하고 효과적으로 저장되어 인출하기도 용이하다.

오랜 기간 긍정 회상 카드를 기입하고 저장하면 다양한 상황, 클럽별 자료가 쌓여 세밀한 상황에 사용할 카드가 많아진다. 클럽별, 상황별 등 세부적으로 좋은 기억, 떠올릴 기억이 많다는 것은 자신감과 회상의 기초자료가 풍부하다는 것이다. '긍정 회상 카드'가 많은 선수일수록 자신의 긍정적인 샷의 기준이 견고하다. 또한 다음 순서인 체크리스트 작성과 리허설 스윙을 통한 자기 검열의 기준을 세워보도록 하자.

연습 Tip
1. 코스에서 좋은 샷이 나오면 기재하겠다는 목적의식을 갖는다.
2. 좋은 샷이 나오면 스코어 카드에 간략하게 기재한다.
3. 이후 '긍정 회상 카드'에 다시 정성들여 옮겨 적는다.
4. 클럽별로 '긍정 회상 카드'를 만들어 시합장이나 라커룸에서 틈틈이 보며 회상 작업을 한다.
5. 이후 배울 명상 훈련 '멘탈 라운딩'에서 긍정 회상 카드의 내용을 명상하며 자신감을 얻는다.

03. 확인해야 하는 목록 만들기 '체크리스트'

불안의 원인은 미래에 대한 걱정.
이 걱정을 없애는 것이 불안을 줄이고 제거하는 방법이다.
자, 이제 불안을 제거해 보자.

　앞서 불안의 기전과 심리·생리 반응에 대해 알아봤다. 발생의 기전과 목적, 증상에 대해서도 알아보았다. 필드에서 스코어나 결과에 대한 생각은 불안을 유발하고 수행에 부정적인 영향을 준다. 불안을 제거하는 능동적이고 적극적인 방법과 이해는 효과적인 수행에 도움이 된다. 샷에서 자신이 갖고 있는 기술적 문제나 라이에서 발생할 수 있는 실수들을 명료화해 계열적으로 나열해보면 시합에 적용하기에 편하고 그 효과가 상당하다.
　자신의 스윙에서 실수 패턴과 유형을 분석하면 대처에 체계적인 적용이 가능하다. 연습장이나 골프장에서 발생되는 문제나 실수를 명확하게 적어보면 기술 오류의 유형을 정확하게 파악하고 인지할 수 있다. 자신의 기술 능력과 문제점을 정확히 인지하는 것은 원론적인 불안을 직면하는 것과 같은 효과를 얻는다. 불안을 수면 아래 무의식 공간 속이 아닌 수면 위 의식단계로 명시화 시키는 작업이다. 이렇게 자신의 문제나 실수가 의식화 되는 것만으로도 불안이 낮아지는 효과를 얻는다.

하버드 대학의 심리학자 존 레이티는 <뇌 사용 설명서 A User's Guide to the Brain>에서 인간의 뇌를 '패턴 탐색장치'라고 설명했다.[111] 그는 "뇌는 전체 개념을 서로 연관시키고 그들 간의 유사성, 차이점, 관계 등을 찾는다."고 했다.[112]

필드에서 원하지 않았던 드라이버 슬라이스로 해저드나 OB가 나고, 러프에 빠졌다면 자신의 스코어 카드에 그 홀 티샷에서 슬라이스라고 적고 60m 어프로치를 했는데 뒷땅을 쳐서 볼이 원하는 만큼 가지 못했다면 스코어 카드에 뒷땅이라고 기재하여 18홀 동안 발생되는 실수나 문제점을 기록해 본다. 스코어 카드에 실수가 발생되었던 라이나 지형의 특색을 적는 것도 도움이 된다. 정보가 많으면 많을수록 해결책을 선정하는데 도움이 되기 때문에 필드의 자세한 상황을 기재하는 것은 바람직하다.

인간은 인지과정을 통해 패턴, 관계, 연관성을 구축하고 수정해나감으로써 개념, 기술 요인, 사람, 경험들 간의 연관 관계를 능동적으로 창조해낸다.[113] 이것은 곧 자신의 문제점과 해결책을 연관 짓는 과정이다. 하지만 필드에서 발생하는 문제점을 기입한다는 것은 플레이 진행상 어려움이 있을 것이다. 코스에서는 스코어 카드나 메모지

---

[111] Ratey (2001).
[112] 앞의 책.
[113] Ewell (1997).

에 라이, 환경 등 어떤 실수를 했는지 간단히 기재하고 라운드가 끝나고 시간이 충분할 때(집이나 연습장) 다시 정확히 기재하는 것을 권한다. 이런 실수와 원인을 표로 정리하는 것도 좋은 방법이고 기술 코치나 레슨 프로에게 자문을 얻어 자신의 실수가 어떤 동작이나 기술 문제에서 발생하고 그에 필요한 해결방법을 기입한다면 더욱 효과적일 것이다.

실수 패턴 = 불안의 씨앗
해결책 = 불안 제거의 열쇠

　가령 드라이버의 슬라이스 원인이 오른팔에 힘이 들어가는 거라면 그에 맞는 해결책, 60m 어프로치에서 발생한 뒷땅의 원인은 다운스윙 시 오른 손이 빨리 풀리는 캐스팅이라면 이에 맞는 해결책, 퍼팅에서 몸의 움직임으로 문제가 된다면 이에 맞는 해결책 등 모두가 체크리스트다. 기술을 보다 정확하고 실수를 미연에 방지하기 위한 기술, 동작, 느낌 등이 속한다. 이것은 결국 자신의 불안 거리인 실수를 방지할 수 있는 열쇠가 된다.

　체크리스트를 설정하는 순서는 중요하다. 우선 자신이 가장 문제라고 생각하는 순서대로 체크리스트를 작성하는 것이다. 이것은 자신이 느끼는 불안거리의 순서를 설정하는 것으로 그 순서대로 해결책을 만들고 그 해결책은 자신도 완전한 수용을 하는 내용이여야 한다. 자신이 생각하기에는 실수와 해결책이 맞지 않거나 부족하다는 생각이 들면 완전히 믿지 못한다. 이는 잠재적인 불안을 야기할 수 있는 씨앗이 되어 다시 불안감을 유발할 수 있다. 정확한 분석을 통해 자신이 완전히 수용할 수 있는 해결책이 수립되어야 하고 자신의 문제와 해결방법에 대한 명확한 지식이 필요하다.

이런 실수와 해결책의 묶음은 다양하게 구성될 수 있다. 실수 발생에 문제되는 부분이 몇 개가 될 수 있다. 그리고 한 가지 문제에 한 가지 해결책만 있는 것이 아니다. 같은 클럽이라도 상황(라이)에 따라 실수 유형이 달라질 수 있고 고려해야 하는 상황이 달라진다. 개인마다, 클럽마다, 상황(라이)마다 해결책(체크리스트)은 다를 수 있고 이런 문제와 해결책의 구성에 있어 가변성은 지극히 정상적이다. 클럽과 상황마다 다르기에 다각적인 실수 패턴을 찾으려는 시도가 필요하다. 대표적인 클럽들과 대표적인 라이(lie) 정도의 체크리스트가 있다면 세부적으로 적용이 가능하다. 가장 중요한 것은 실수에 대한 해결책이 '완전히 신뢰할 수 있느냐?'이고 나열 순서가 제대로 되었다면 효과적으로 사용할 수 있다.

해결책(체크리스트) 배열순서는 확인 작업을 할 때 신속하고 정확하게 이루어지도록 배치한다. 샷 하는 순서대로 티잉 그라운드에 티를 꼽는 순서부터 피니쉬까지 일련의 순서대로 체크리스트 역시 같은 순서대로 배열되어야 한다. 체크리스트는 모든 샷에 있는 것이 아니라 자신의 문제점이 있는 부분이나 구간, 동작, 라이 등 필요할 때만 사용하는 것이다. 순서를 정해서 배열하고 확인하며 미리 점검하는 것이 중요하다.

실수의 유형은 실력, 환경, 문제점 등 항상 다양한 변수로 있기 마련이다. 그래서 어떤 틀을 만들어 체크리스트를 고정시키는 것이 아니라 체크리스트는 상황에 따라 달라진다. 사용 목적과 배열 방식을 정확히 이해한다면 효과적으로 불안 요인에 대한 시인성을 높일 수 있어 현장 중심적이고 체계화된 시스템을 적용할 수 있다.

　자신의 문제점을 얼마나 정성들여 찾아내고 민감하게 접근하여 해결책을 만들었는지에 따라 확실성을 보장받는 것이 이 체크리스트 시스템의 장점이다. 다른 말로는 자신의 장단점을 얼마나 정확히 파악하고 있는가 하는 객관성과 이를 제거할 수 있는 냉철한 분석력을 갖게 된다.

체크리스트 만드는 방법
1. 가장 크게 생각하는 실수부터 작은 실수의 해결책을 만든다.
2. 골퍼 자신이 완전 수용가능한 해결책을 자신의 스윙을 이해하는 기술 코치나 부모님, 동료와 함께 만든다.
3. 해결책은 어드레스와 샷 과정에 맞춰 배열시켜 표를 작성한다.

날짜 : _____　　작성 클럽(　　) 상황(라이) _____

번호	스윙 문제/실수 유형	빈도(正)	솔루션(해결책)
1			
2			
3			
4			
5			

리허설 스윙(Rehearsal Swing)

이렇게 자신이 신경 써야 하는 기술 단서인 체크리스트를 만들었다면 실행에 적용하는 과정을 통해 실재 샷 전에 점검이 필요하다. 이렇게 최종 점검하고 확인하는 과정을 리허설 스윙(rehearsal swing)이라 한다. 앞서 출간한 책(『강한 멘탈 흔들리지 않는 골프』)에서의 연습스윙이라는 개념보다 폭넓은 개념인 리허설 스윙을 제안하였다. 연습스윙이나 리허설 스윙은 행위적으로 보면 크게 차이가 없다. 하지만 인지적 과정으로 봐서는 목적의식과 의식의 초점과 유지의 관점에서 많은 차이가 있다. 인지적 의식을 체크리스트 검열을 통해 자신감을 얻기 위한 행위의 목적을 강화하는 방법이다.

정서를 얻기 위해 일련의 과정을 통해 평가하는 것을 인지적 평가라 한다.[114] 리허설 스윙은 실재 샷 이전 미리 자신의 실수나 문제가 되는 기술적 요인을 점검하는 과정으로 자기 샷에 대한 인지적 평가이다. 이를 통해 자신감이라는 정서를 느끼기 위한 목적으로 사용한다.

인지적 평가의 구체적 방법으로 '신체 표지 가설(somatic marker hypothesis)'을 사용한다.[115] 신체 표지는 자신이 원하는 기술 동작(스윙 동작)의 기준이 뇌 여러 영역에 자리 잡고 있어 그 기준에 맞는 동작의 느낌을 받았을 때 자신감이 발생한다는 것이다. 자신이 원하는 동작이 잘 이루어졌는지를 아는 것은 신체감각시스템(somatosensory system)에서 감각 수용기(촉각, 근 방추, 골지힘줄

---

[114] Lazarus (2001).
[115] Damasio (1996).

기관, 관절)를 통해 피부, 근육, 힘줄, 관절에서 발생되는 운동감각을 뇌의 신체 감지 영역에 보내 분석한다.[116] 이런 정보들의 총합으로 자신이 원하는 스윙이 이루어졌다고 느껴지면 자신감이 발생한다. 반대로 그렇지 않은 스윙이면 불안감을 느끼게 된다.

> **운동감각**
> 골퍼가 느끼는 감각으로 다양한 감각신경세포들의 정보(청각, 촉각, 시각 등)와 중추적 운동명령들의 정보를 조합하여 지각되는 감각이다. 운동감각은 신체 부위의 위치와 움직임, 발현된 힘의 크기, 그리고 동작의 타이밍 등을 지칭하며 운동 제어 기능에 초점을 둔다.[117]

여기에서 종합적으로 수집된 정보들(감각 수용기)을 분석하여 자신이 원하는 스윙 동작이 이루어지면 자신감이라는 정서를 느끼고 그렇지 못한 스윙 동작이 나오면 자신감을 느끼지 못한다. 자신감의 강도는 자신이 원하는 체크리스트들을 얼마나 잘 수행했는지에 따라 결정된다. 모든 체크리스트의 동작들이 잘 이루어졌다면 강한 자신감을 느끼고 그렇지 못하면 약한 자신감이나 불안을 느낀다. 그렇다고 강한 자신감을 느끼기 위해 리허설 스윙을 많이 하거나 오랜 시간 하는 것은 현실적으로 불가능하다.

R&A와 USGA에서는 골프의 저변 확대를 위해 경기 속도를 높이고 있다. 2019년에 개정된 규칙에서도 40초 내에 샷을 권고하고 있

---

[116] Damasio (1999); Damasio and Carvalho (2013); Craig (2002, 2003, 2009).
[117] 김선진 (2009).

다. 그래서 가능한 리허설 스윙은 1~2회로 간소화 시키는 것이 좋다. 다소 까다롭고 어려운 기술을 요하는 샷이라면(평상시에 자주 하지 않는 스윙) 숙달도가 낮음으로 리허설 스윙의 횟수를 1~2회 정도 늘리는 것이 좋은 전략이 된다. 보다 많은 리허설 스윙은 신체감각시스템의 점검 횟수를 늘리는 것과 같아 기술 확신을 얻을 성공 확률이 높아진다. 이는 곧 강한 긍정 정서를 얻게 되어 수행력 향상에 도움이 된다. 빅게임과 숏게임은 스윙 메커니즘이 다르기에 리허설 타입도 다르다(표 6).

숏게임의 경우 빅게임보다 폐쇄형 운동형태(수행 결과에 영향을 미치는 변수가 적은 운동 형태)이기에 기술 요인보다 감각과 느낌에 더욱 치중된다. 앞서 이야기하였듯이 조던 스피스의 루틴처럼 보다 자유롭고 감각적이며 직관적인 과정을 갖는다. 빅게임보다 상대적으로 행위적 과정에서 소요되는 시간이나 리허설 스윙의 크기가 작아 소요 되는 시간이 적다. 충분한 시간적 여유가 있는 것이다. 행위에 빠른 시간이 소요되어 심리적 여유가 있어 많은 감각 강화나 확신을 얻는데 결정적인 역할을 한다. 어프로치나 퍼팅은 리허설 횟수를 통일시키는 것보다 기술 확신이라는 정확한 감정과 느낌에 목적을 둬야 한다. 숏게임의 리허설 스윙은 빅게임보다 자율적이고 감각적으로 확신을 얻는 것에 집중해보자.

리허설 스윙 타입	횟수	주요 목적
빅게임	제한적, 1~2회	동작 시뮬레이션, 운동제어 관련 의미 강조
숏게임	덜 제한적, 2~5회	직관적/감각적인 주관의 느낌 강조

표 6. 스윙 종류에 따른 리허설 스윙 횟수와 목적

이미지 '창조'-심적 시뮬레이션(Mental Simulation)

리허설 스윙은 체크리스트만 확인하는 작업이 아니라 스윙을 하면 볼이 어떻게 날아갈지 시뮬레이션 하는 과정을 동반한다. 이렇게 자신의 수행과 결과에 대한 이미지를 그리는 작업을 심상(imagery)이라고 하고 모든 감각을 동원하여 마음속에 경험을 떠올리거나(회상) 새로 만드는 것(창조)이다.[118] 심상 할 때 뇌의 감각 운동 영역이 실제 움직이는 것처럼 반응한다.[119] 샷을 심상하면 뇌에서는 실재 샷을 할 때 사용하는 운동감각영역이 활성화 된다. 뇌의 이런 기능을 이용하여 가상현실(Virtual Reality, VR)을 만들어 게임과 군사 훈련 등 여러 분야에서 사용한다. 우주를 날아다니거나, 비행 훈련을 하거나, 가상 전투 환경에서의 훈련 등 재미와 효율을 높이기 위한 방법으로 이용한다. 이런 효과는 뇌 기능을 이용한 것으로 인간의 뇌를 '통 속의 뇌', '두개골 속의 뇌'로 빗대어 이야기할 정도로 인위적인 감각을 만들어도 뇌는 현실에서 진짜 발생하고 있는 것으로 받아들인다. 이런 근거로 심상을 이용한 훈련이 가능한 것이다.

심상은 두 가지 유형으로 나뉜다. 첫째는 기존에 있던 경험을 토대로 이미지와 감각을 떠올리는 것이고, 둘째는 지금 자신이 원하는 이미지와 감각을 창조해내는 것이다. 앞서 클럽 선택 시 사용되는 심상은 기존 경험을 토대로 이미지를 떠오르는 회상(recall)이다. 좋았던

---

[118] Vealey and Walter (1993).
[119] Seltzer et al (2001).

샷을 떠올리며 클럽, 스윙, 구질 등을 선택하는 의사결정 기준이며 긍정 정서인 자신감을 얻는다. 또 다른 유형은 리허설 스윙과 함께 사용하는 심상으로 자신이 분석·계획한 동작에 따라 가상의 볼 비구선을 떠올리는 것으로 '창조(creation)'를 들 수 있다. 다른 말로 '심적 시뮬레이션(mental simulation)'이라고 하며 이런 과정은 의사결정에 영향을 미치는 강화 학습(reinforcement learning)의 한 종류이다. 의사결정은 선택의 결정이며 결단력과 명확성은 자신감의 강도를 결정짓는다.

> **샷 만들어지는 과정의 심상(Imagery)**
> **회상** : 자신이 예전에 경험한 샷의 이미지와 감각. 클럽 선택 시 단서로 작용하며 의사결정(클럽 선택 등)에 영향을 준다.
> **창조** : 샷 이전 리허설 스윙을 하며 가상으로 볼 비구선을 떠올리는 것(심적 시뮬레이션)으로 수행 자신감에 영향을 준다.

예를 들어 자신이 생각하는 샷의 리허설 스윙을 하며 이미지를 그렸을 때 뚜렷하고 생생하게 잘 그려진다면 자신이 생각한 샷에 자신감이 생기는 것이다. 반대로 그런 이미지가 잘 그려지지 않았는데 실재 샷을 하려고 한다면 자신감이 떨어져 불안을 느끼게 된다.

이렇듯 창조 작업은 간접 경험으로 자신감을 높이는 방법으로 사용되고[120] 다양한 감각을 동원하면 더욱 효과적이다.

---

[120] Gould and Weiss (1981); Spreemann (1983).

그림 27. 창조 이미지를 그리는 모습

    심상의 유형에는 내적 심상과 외적 심상으로 나눠진다.[121] 내적 심상은 자신이 수행을 하는 상황을 자신의 관점에서 보는 것으로 시각, 촉각, 청각, 운동감각 등 다양한 감각을 느낄 수 있는 반면, 외적 심상은 외부 관찰자의 시점으로 자신의 수행을 객관적으로 보는 것이다. 예를 들어 내적 심상은 자신이 바라보는 관점이기에 느낌, 감정, 기술 단서 등이 기억되고 외적 심상은 자신이라는 사람이 샷을 하는 것을 보는 것으로 객관적인 분석이 가능하다.

---

[121] Mahoney and Avener (1977).

> **심상의 유형**
> **내적 심상** : 자신의 관점에서 동작에 대한 시각, 촉각, 운동 감각을 떠올리는 것. 많은 감각을 떠올려 감각 표상의 비교분석이나 주관적 느낌, 자신감을 높이는데 효과적이다.
> **외적 심상** : 3인칭 관점으로 외부에서 관찰자 시점으로 이미지를 떠올리는 것. 객관적이고 비교분석하며 감정이나 느낌을 배제할 수 있어 스윙 분석에 효과적이다.

심상은 내재화, 감각의 경험, 실재의 가상화 등 세 가지로 나뉜다.[122]이다. 첫째, 내재화는 '긍정 회상 카드'를 만들어 사용하는 목적으로 수행의 다양한 감각 정보를 표상화 하여 기준을 만든다. 둘째, 감각의 경험으로 실재로 동작을 수행할 수 없거나 심상 훈련만으로도 운동감각을 동원에 사용하여 간접 훈련이 가능하다. 셋째, 실재의 가상적 조작으로 이미지를 창조하여 '심적 시뮬레이션'과 간접 경험에 사용된다.

내·외적 심상은 모두 수행력 향상을 주지만 엘리트 선수들은 내적 심상을 더 선호한다.[123] 따라서 보다 더 좋은 경기력을 구현하기 위해서는 내적 심상 유형인 '긍정 회상 카드'나 '심적 시뮬레이션'의 시스템을 만들어 사용하는 것이 효율적이다. 선별적인 성공 수행의 자료만으로 다양한 감각의 기준을 사용하고 시간과 공간의 제약이 없어지면 최상의 샷 정보를 이용한 이상적 수행의 지표를 강화할 수 있다.

---

[122] 정청희 외 (2009).
[123] Hinshaw (1991).

> **연습 Tip**
> 1. 리허설 스윙(스트로크) 이후 볼이 날아가는(굴러가는) 이미지를 그리는 절차를 갖는다.
> 2. 이미지를 창조할 때는 다양한 감각(시각, 촉각, 운동감각 등)을 함께 그리며 연합화하면 강한 정서(자신감)를 얻는다.
> 3. 리허설 스윙과 이미지 창조는 함께 진행하며 성공적 이미지가 그려지지 않으면 1번 더 실시한다(숏게임 경우 더 여유가 있음).
> 4. 이미지를 창조하기 위해서는 '긍정 회상 카드'가 밑거름이 된다. 충실히 작성하고 훈련하자.

자기 검열(Self-Checking)

자기 검열(Self-Checking) = 기술 확신

위의 체크리스트와 리허설 스윙을 통해 골퍼는 자기 검열 시스템이 형성된다. 자신이 원하는 스윙의 '신체 표지' 기준을 리허설 스윙을 통해 가상 비교분석하여 원하는 스윙과 그에 필요한 신체 정보 단서(스윙에 필요한 모든 정보 : 각 분절의 회전량, 각 분절의 느낌, 타이밍, 호르몬의 안정감 등)를 종합적으로 분석함으로써 최상의 기술을 발휘할 수 있다는 강한 정서를 갖는다. 이런 강한 정서로 결단력과 실행력은 더욱 강해진다. 자신감은 결국 일정한 퍼포먼스의 원동력이 되고 좋은 루틴의 구성은 보다 정교하고 기술 가감이 없는 플레이를 가능하게 해준다.

04. 내 몸과 마음에 집중하기 : 2단계, 이완 영역(Relax zone)

<u>불안을 대처하고 공간지각능력을 사용하여
최상의 몸 상태를 만들기 위한 자기 탐색 과정</u>

　1단계를 통해 환경을 분석하여 샷의 실행을 준비하고 리허설 스윙에서 '기술 확신'을 얻었다. 이 과정을 인지하고 숙달도를 높인다면 기술에 관련된 부분은 1단계에서 마무리 짓고 다음 단계로 넘어갈 수 있다. 2단계에서는 최상의 수행력을 실행하기 위한 신체·심리 상태를 만들기 위해 여러 행동·심리 기술을 이용하는 과정이다. 주의집중이 1단계에서는 외부에 향해 있다면 이 과정에서는 내부인 자기 몸과 심리에 주의를 두며 수행에 밀접한 관련이 있는 신체와 분절 정보(근육, 관절, 움직임 등)인 신체 표상을 느끼려 집중해야 한다(그림 28). 자신이 계획하고 생각한 몸과 마음 상태가 되면 '할 수 있다'라는 자신감이 든다.

　2단계의 시작은 볼 뒤에서 이루어지는 인지적 과정(1단계)을 끝내고 목표점의 정렬(aiming)을 확인하면서 시작한다. 그리고 볼에 접근하면서 그립과 어드레스를 취하는 셋업 과정이다. 특히 이때 이루

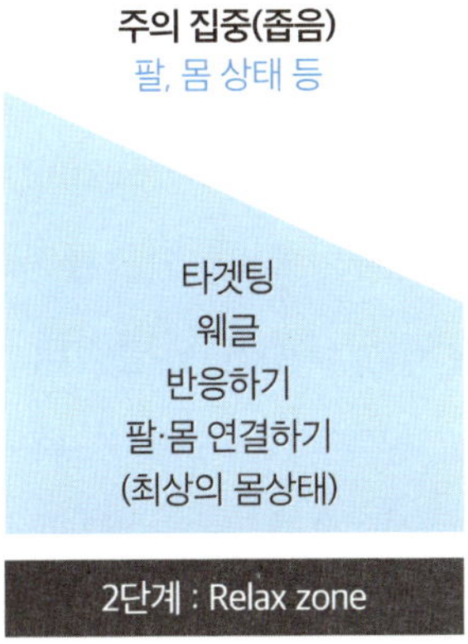

```
         주의 집중(좁음)
         팔, 몸 상태 등

            타겟팅
             웨글
           반응하기
         팔·몸 연결하기
         (최상의 몸상태)

        2단계 : Relax zone
```

그림 28. 인지구조 2단계 : 이완 단계

어지는 행위적 절차는 불안의 이완과 정렬 과정에서 미세 조절을 통한 긍정 정서를 유발한다. 이 과정에서 두 가지 중요한 점이 있다. 첫째, 불안에서 발생되는 신체 반응에 대해 자각과 대처로 얼어붙기 제거 행동의 중심역할이다. 둘째, 공간지각능력을 이용해 정렬의 미세 조절과 이를 통한 자신감의 극대화를 얻게 된다.

이것을 통해 골퍼는 최상의 행위와 기술에 대한 절차 모두 최상의 상태로 자신감을 얻을 수 있다.

> **2단계 이완 영역 :**
> 주의집중이 내적을 향하며 신체와 정신의 준비가 끝나고 셋업 과정에서 믿음을 형성하는 행위·인지 단계

웨글(Waggle)

셋업 시 불안 반응으로 오는 경직(freezing)을 제거하는 방법으로 얼어붙기 제거 행동 중 하나로 클럽 헤드를 움직이며 그립, 손, 손목, 팔꿈치, 어깨 등의 긴장도를 낮추는 방법이다.

그립과 손, 팔은 샷을 구현하는 주요 부위이며 결과에 많은 영향을 준다. 미세 근육과 관절, 긴장도는 수행의 성패에 큰 영향을 주기에 샷 직전에 어떤 상태인지 파악하는 과정은 필수적이다. 앞에서도 언급했듯이 인간은 운동수행에 필요한 정보를 시각, 청각, 촉각 등으로 수집하며 특히 촉각에는 압각, 통각, 온도감각을 내포하고 있다. 이런 다감각은 최상의 샷을 했을 때의 감각 정보인 생체 표상의 기준을 제공한다. 웨글은 그런 감각을 활성화 시키는 행위로 그립, 손, 팔이 좋은 샷을 했을 때 기준에 도달했는지 탐색하고 연결하여 느낌(feeling)을 읽어내는 행위이다.

웨글 = 좋은 샷의 느낌을 찾아가는 행위

최상의 샷에서 느낀 그립, 손, 팔의 감각을 저장하고 그 느낌과 동일하게 맞추기 위한 조율 과정이다. '내가 좋은 샷을 했을 때와 같구나.'라는 생각이 들면 자신감이라는 정서가 발생된다. 그 기준은 뇌 운동 감각 피질에 내포하고 있으며, 이것은 '신체 표지' 가설이라 한다. 우리 뇌 속에는 이런 기준을 저장하는 기능이 있어 '리허설 스윙이 잘 됐는지', '웨글을 통해 팔 전체의 힘이 적절한지', '클럽 페이스가 내가 원하는 모양으로 들어갈 것' 같은 신체와 클럽의 움직임을

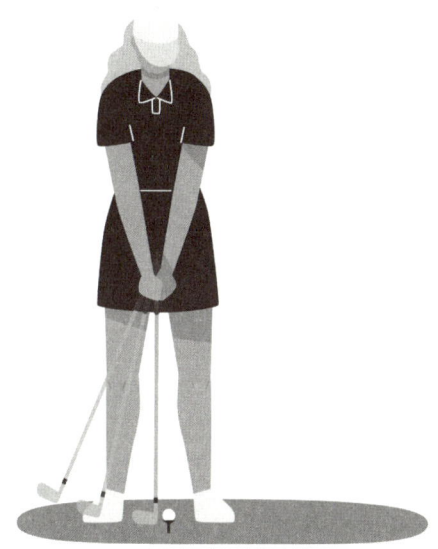

그림 29. 창조 이미지를 그리는 모습

셋업 시 클럽 헤드나 팔을 움직여 팔의 긴장을 낮추고,
심박수 낮춤, 클럽 헤드 시뮬레이션에 도움을 준다.

읽고 느낀다.

  웨글을 통해 팔 전체 긴장도를 알아차리는 능력과 민감성 향상을 위해 '점진적 긴장-이완 훈련'이 도움이 된다. 점진적 긴장-이완 훈련은 의식적으로 스스로 근육을 통제하는 것이다.[124] 신체 각 분절에 주의를 두고 긴장도를 조절하는 훈련을 통해 민감성을 향상시키고 지각 능력을 높인다. 지각 능력은 경험과 운동기술의 수행 수준과 같은 요인에 영향을 받는다.[125]

  이는 실재 스윙의 빈도와 신체 감각 정보의 느낌 정도에 따라 골퍼

---

[124] Jacobson (1930).
[125] Schmidt and Wrisberg (2000).

가 받아들이는 수용 능력에는 차이가 있다. 기술에 대한 동작의 정보를 얻기 위해서는 실재 스윙을 해야만 얻을 수 있다. 드라이버, 아이언, 어프로치, 퍼터 등 많은 클럽과 많은 샷(드로우, 페이드, 푸시, 풀, 하이볼, 로우볼) 등 다양한 구질에 맞는 신체 감각 정보를 얻기 위해서는 수많은 스윙을 해야 한다. 하지만 점진적-이완 훈련은 실재로 샷을 하지 않고도 신체 각 분절의 감각을 제공하여 간접 훈련이 가능하다. 시간과 공간의 제약 없이 감각 훈련이 가능해지는 것이다. 언제든지 목적에 부합한 다양한 긴장·이완 상태를 인위적으로 만들어 보다 정확하고 선명하게 신체 긴장도와 정량적 수치를 제공한다. 스윙 기술에 필요한 팔과 손의 근 긴장도와 그립 압력 등을 세밀히 느끼고 조절할 수 있다는 믿음은 강한 확신을 제공한다. 자신의 몸 상태를 더 민감하게 확인하고 지각하는 능력이 향상된다. 훈련이 지속되면서 필드에서 샷을 계획할 때 각 분절의 민감성이 향상되어 반응 시간을 단축시킨다. 이것을 프리 샷 루틴에 적용하여 자신의 신체 상태에 대한 알아차림과 원하는 상태를 만드는 시간을 단축시키며 긍정 정서를 느낀다.

 작은 웨글은 사용범위가 작아 신체 분절(팔, 손, 손목, 그립 압력 등)에 대한 상태를 지각하는데 정보 양이 적어 알아차리는 시간이 오래 걸릴 수 있다. 그래서 웨글은 가동 범위를 크게 하는 것이 느낌을 빠르게 받을 수 있다. 큰 자극은 감각 정보의 양이 많아 감각에 대한 명확성을 높이는 방법으로 자극의 강도를 강하게 한다.[126] 또한 감각의 양과 민감성을 향상시키는 방법으로 클럽 헤드 움직이는 속도

---

[126] 김기웅과 이효경 (1999).

를 느리게 하는 것이다. 클럽 헤드를 빠르게 움직이면 근경직과 노이즈가 발생하여 감각 민감성이 떨어질 수 있다. 또한 빠른 헤드 움직임은 행동(스윙) 패턴에 영향을 주기에 스윙 템포도 빨라질 수 있다. 그래서 웨글은 크고 느린 템포로 하는 것이 감각의 민감성이나 근경직을 예방하고 신체 표지를 읽어 내리는데 도움 된다.

웨글을 통해 세 가지 효과를 볼 수 있다. 첫째, 방어반응에서 오는 경직을 깨고, 신체를 부드럽게 해준다. 불안의 경직 반응을 깨고 성공 샷의 상태로 만들기 위해 탐색하고 모방한다. 둘째, 심장의 리듬을 낮춘다. 심장의 리듬감보다 느린 웨글은 심장 리듬감을 낮추는데 도움을 준다. 셋째, 클럽 페이스 리허설을 한다. 임팩트 시 클럽 페이스의 느낌을 미리 받는다. 그립 압력, 손목 관절의 움직임, 전완근(팔뚝), 상완근(이두박근) 등 손과 팔의 신체 감각 정보를 느껴 미리 시현하며 이상적인 임팩트 상황을 비교분석한다.

> **웨글 효과**
> 1. 경직 반응을 깨고 성공 샷의 상태로 탐색하고 모방한다.
> 2. 심장의 리듬을 낮춘다.
> 3. 클럽 페이스 리허설을 한다.

웨글을 처음 접하면 힘이 빠지고 강한 임팩트나 스윙을 할 수 없을 것 같은 느낌을 받지만 이는 긴장도가 높은 상황에서는 오히려 힘을 빼고 경직을 해결하는 쉬운 행위이다. 하지만 더 많은 의미와 효과를 발휘하여 보다 감각적이고 직감적인 샷을 할 수 있게 도와준다.

웨글은 볼에 들어서면서 자연스럽고 편안하게 한다. 웨글의 횟수는 제한이 없지만 1~4회 정도가 적당하며 여러 가지 요인들과 함께 진행되기에 처음 훈련에는 독립적으로 나누어서 진행하며 일정 수준 숙달되면 다음에 배울 반응하기와 타겟팅을 함께 진행하는 것이 좋다. 또한 처음부터 3가지 효과를 모두 얻으려는 생각보다는 자신에게 필요한 것부터 점차적으로 습득해보자. 자유롭고 편안한 손과 팔을 만들 수 있을 것이다.

> **연습 Tip**
> 1. 매일 점진적 긴장-이완 훈련을 통해 팔 전체 긴장도의 민감성을 향상시킨다.
> 2. 셋업 후 손목, 팔꿈치, 어깨를 이용해 클럽 헤드를 움직이며 웨글을 한다(방향은 여러 형태로 해보면서 찾아보는 것이 좋음).
> 3. 인지적 관점은 그립, 손, 팔꿈치, 어깨 등 팔 주의를 두며 살펴본다.
> 4. 최상의 샷을 할 때를 떠올리며 현재 자신의 손과 팔의 느낌을 비교분석한다.

반응하기(Weaving)

반응하기는 얼어붙기 제거 행동과 어드레스를 미세 조절하는 과정이다. 어드레스 이후 엉덩이, 허리를 가볍게 움직이거나 다리를 다시 디디며 몸의 긴장도를 낮추고 미세한 정렬 조절과 힘쓰기 편안한 자세를 만드는 것이다(그림 30. A와 같이). 웨글이 손과 팔의 긴장도를 낮추는 목적이라면 반응하기는 몸통, 다리 등의 긴장 이완과 방향, 힘쓰기 좋은 어드레스 형성을 목적으로 한다.

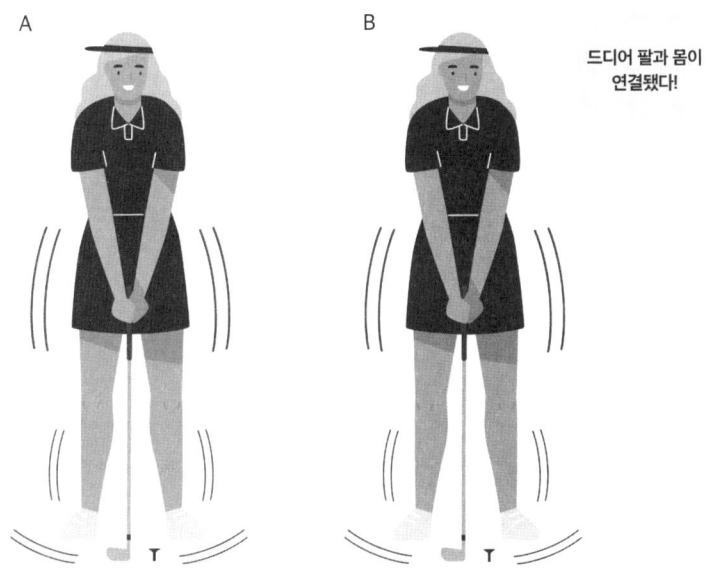

그림 30. 반응하기

A. 셋업 시 다리, 엉덩이, 허리를 움직이며 긴장도를 낮춘다.
B. 셋업 시 웨글과 반응하기를 함께 진행하며 각 분절의 최적의 긴장도를 찾고 서로 연결하는 과정이다.

필드나 시합에서 샷 할 때 알 수 없는 원인으로 클럽이 무겁게 느껴지거나, 백스윙이 들리지 않는다고 호소하는 골퍼는 있지만 몸이 긴장하여 움직이지 않거나 불편함을 호소하는 경우는 드물다. 그렇다고 얼어붙기가 신체를 나누어서 일어나지는 않는다. 긴장성 부동(tonic immobility)은 몸 전체가 극심한 긴장감에서 오는 얼어붙기 반응으로 스윙의 시작이 손이나 팔에서 이루어지다보니 주의와 자각이 용이할 뿐이지 몸 전체에서 얼어붙기 현상은 동일하게 나타난다.

피부에서 느끼는 압각, 통각, 온도감각을 촉각(tactile sense)이라고 하고 이 감각 감지기의 밀도가 몸통, 골반, 하지 등에 비해 손과 손가락 등에서 상대적으로 많아 더 민감한 것이다. 또한 운동학적 분석으로도 스윙에 필요한 움직임에서 손과 팔이 주관도가 높아 알아차림에 용이할 뿐이지 다른 몸통과 하지에서 경직이 일어나지 않는 것은 아니다. 2단계의 목적은 최상의 몸 상태를 만드는 것으로 손이나 팔이 부드럽고 매끄러워지는 것처럼 몸통과 하지 역시 부드럽고 편안한 상태를 만드는 과정이 필요하다.

반응하기의 심리행위는 세 가지 효과가 있다. 첫째, 몸과 하지의 경직 반응을 깨고 매끄럽고 편안한 상태를 만든다. 경직된 것을 자각시키고 성공 샷을 했을 때의 몸 상태로 탐색하여 모방하는 행위이다. 둘째, 힘쓰기 좋은 어드레스를 만든다. 셋업에서 다리를 디디면서 힘을 쓰기 좋은 어드레스 자세를 취한다. 셋째, 방향에 대한 미세 조절을 한다. 스탠스 조절로 방향의 미세한 조절을 한다.

> **반응하기 효과**
> 1. 경직 반응을 깨고 성공 샷의 몸 상태로 탐색하고 모방한다.
> 2. 힘쓰기 좋은 어드레스 자세를 취한다.
> 3. 방향에 대한 미세 조절을 한다.

반응하기와 웨글을 한 쌍으로 구성하여 진행하면 클럽 헤드와 몸 움직임의 리듬을 맞추어 사용하면 이완에 많은 효과가 있다. 그리고 다음에 배울 '팔-몸 연결하기'를 통해 신체 통일감을 얻는다.

> **연습 Tip**
> 1. 매일 점진적 긴장-이완 훈련을 통해 몸의 긴장도 민감성을 향상시킨다.
> 2. 체중을 좌·우 발로 이동하며 발을 디디며 볼과의 거리와 방향을 조절한다(1~2회 정도).
> 3. 엉덩이, 허리를 움직이는 것도 도움이 된다.
> 4. 몸의 긴장도에 주의를 두며 최상의 샷 몸 상태와 비교분석한다.

팔-몸 연결하기

앞서 웨글과 반응하기의 원리와 적용방법에 대해 알아보았다. 팔-몸 연결하기는 새로운 움직임이나 행위를 더하는 것이 아닌 인지과정만으로 이루어진다. 이것은 앞서 배운 웨글과 반응하기를 연결하며(그림 30. B와 같이) 상체와 하체의 연결감, 몸통과 팔의 수행일체감 등의 긍정적 느낌을 얻으려는 의식적 주의와 목적의식을 유지하는 인지·지각 과정이다.

앞서 웨글과 반응하기 동작을 한 쌍으로 구성하여 적용을 권한 이유이기도 하다. 단순히 신체 각 분절의 긴장도를 낮추고 성공 샷의 신체 상태를 탐색하고 모방하는 과정만이 아닌 각 분절의 최적 상태를 서로 독립적으로 느끼는 것에서 끝이 아닌 더 강한 정서를 얻기 위함이다. 이 두 심리행위를 함께 진행하며 팔과 몸을 연결 지어 일체감을 얻는 작업으로 각 분절이 연결되는 느낌은 강한 연대감을 일으킨다. 웨글과 반응하기 그리고 두 요인의 연결까지 자연스러운 절차로 만들어 팔과 몸의 경직을 깨우고 서로 연결 짓는 느낌은 성공적인 샷의 기본 조건이다(그림 31).

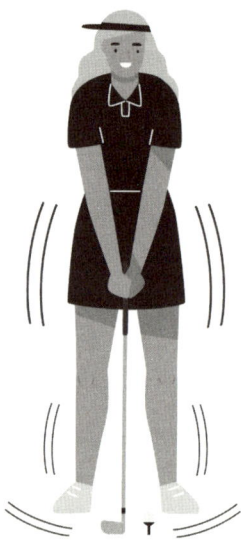

그림 31. 팔-몸 연결하기

웨글이나 반응하기를 연결하는 과정으로 강한 연대감과
자신감을 얻는 인지·지각적 절차이다.

팔-몸 연결하기 효과
1. 스윙 전 팔과 몸의 연결하는 절차로 일체감과 연대감을 일으킨다.
2. 팔과 몸의 종합적인 상태를 점검하고 샷 메이킹(shot marking) 시뮬레이션을 한다.
3. 최종적으로 몸 전체의 준비 상태를 점검한다.

연습 Tip
1. 웨글과 반응하기를 따로 따로 연습하여 숙달도를 높인다.
2. 위 동작을 같이 진행하며 각각의 느낌을 연결하는 과정을 갖는다.
3. 인지·지각적으로 팔과 몸이 연결되어 일체감을 느끼려 집중한다.
4. 팔과 몸의 일체감을 느낄 때까지 진행하고 일체감을 느낄 때 비로소 '준비 완료' 라고 마음속으로 외쳐보자.

타겟팅(Targeting)

골프 멘탈에서 타겟팅(targeting)은 목표에 대한 사물과 공간(3차원 지표-방향, 거리)을 떠올리고 기억하는 것이다. 시각 정보는 감각 정보의 한 영역으로 매우 짧은 시간 동안 기억하는 것이 감각기억의 기능이다. 시각감각기억(visual sensory memory)으로도 불리며, 시각 정보의 기억이 저장되는 시간은 1/4~1초 정도 유지된다. 이런 짧은 저장 기간을 효율적으로 사용하기 위해 '의식적 기억회상'을 사용한다. 의식적 지각과 의식적 기억은 연관되어 왔으며 의식적 회상은

그림 32. 타겟팅 하는 방법

자극에 의해 의식적 지각이 처음으로 나타난 뇌영역이 재활성 될 때 일어난다.[127] 의식적 기억회상을 이용하면 처음 뇌활성화 된 영역을 유지할 수 있는 것이다.

샷의 목표 사물(그린이나, 페어웨이, 높게 솟은 나무, 벙커의 어느 지점 등)과 공간에 대한 정보는 오랜 시간 저장되지 않는데 이를 방지하고 사물의 기억을 유지시키기 위한 목적으로 목표의 표상에 대해 의도적인 주의를 지속적으로 유지하여 작업 기억(working memory)으로 만드는 것이다.

> **타겟팅(targeting)**
> 목표의 시공간 정보(visuospatial information, 사물과 공간의 정보)를 지속적이고 의식적으로 주의를 반복 유지하는 암송표상을 하면 공간지각능력과 단기기억을 연합하여 수행력 향상에 도움을 준다.

타겟팅은 뇌의 기능 중 실행제어처리(executive control processes)에 의해 조절된다. 실행제어처리는 집중력을 시공간 시스템에 제공하여 기억된 목표의 표상을 감시, 조종, 갱신하는 역할을 한다.

타겟팅의 작동 원리는 목표의 위치를 작업 기억에 저장하여 정신적 이미지를 유지하는 것으로 공간과 사물의 정보를 암송(rehearsal)하며 기억을 유지하는 것이다. 자신이 목표로 여기는 위치에 대해 끊임없이 기억하려는 의지로 위치와 방향을 되뇌면 머릿속에는 그 위

---

[127] Buckner at el. (1996, 2000).

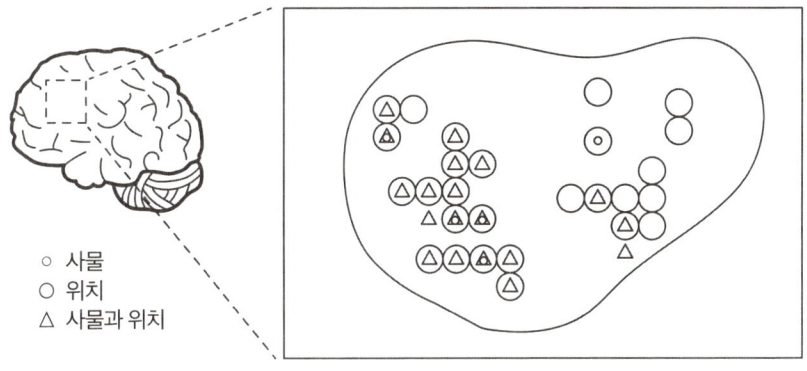

그림 33. 공간지각능력의 뇌 영역

외측 전전두피질에서 목표의 위치를 나타내는데, 각 형태의 정보(무엇, 어디, 무엇과 어디)를 유지하고 있는 신경들이 발견된 곳이다.

치 정보가 유지되는 것이다.

목표를 기억하려는 암송은 그림 33번과 같이 전두엽피질과 전운동피질에 의해 두정엽피질, 하측두엽피질, 외선조 후두엽피질에서 관장하고 공간 및 사물에 대한 정보는 전전두엽 신경 중 공간 표상과 사물표상, 이 둘 정보를 갖고 있는 세포들이다. 사물에 대한 정보는 전전두피질이 복외측에서 저장하고, 공간에 대한 정보는 배외측, 모든 세 종류의 신경세포는 전전두엽의 양쪽 부위에 모두 존재한다.[128]

---

[128] Rainer et al (1998).

이렇게 타겟팅은 단기기억과 목표의 표상(representation)이 제공하는 시지각 정보를 사용하는 방법으로 보다 효과를 높이기 위한 방법은 다음과 같다.

첫째, 목표를 반복적으로 바라보며 기억과 사물의 오차범위를 줄여나간다. 타겟팅을 통하여 셋업을 수정하고 이 과정을 몇 차례 진행하며 자신감을 느낀다. 정확한 시공간 정보와 자신감이 결합된 샷은 결단과 믿음이 생겨 수행력이 향상된다. 둘째, 시공간 정보로 동작의 수행력을 향상시킨다. 시각의 구체적인 정보를 받아 필드의 배경 위치나 특성들을 직접적이고 명확하게 지각하여 동작에 필수적인 시각정보를 제공한다. 이런 지각과 동작의 결합을 지각-동작 결합(perception-action coupling)이라고 하며 이런 기능적 발전을 통해 샷 오차를 줄이는 것을 '행동 유도성(affordance)'라고 한다.[129] 같은 맥락으로 어프로치에서 볼 떨어지는 지점에 대한 타겟팅을 사용하면 정확도가 높아진다.

> **타겟팅 효과**
> 1. 목표물의 시각 정보 수정·보완으로 자신감 향상
> 2. 목표물을 응시하고 집중하면 '행동 유도성' 발생

타겟팅에서 중요한 것은 목표물의 표상을 기억하고 시공간 정보를

---

[129] Gibson (1979).

유추하며 그 차이를 수정하여 방향과 거리의 오차를 줄이는 것이다. 이를 통해 시공간적 확신과 볼을 원하는 곳으로 보내려는 행동 유도성을 얻는다. 그 과정은 반응하기(weaving)를 통해 목표에 대한 미세 조절을 돕는 협업 관계가 있다.

 타겟팅의 시공간 정보를 잘 이용하는 대표적인 선수로는 조던 스피스(Jordan Spieth)로 조던의 퍼팅하는 모습을 보면 타겟팅을 이용하여 최상의 상태를 만드는 모습을 볼 수 있다. 퍼팅의 방향감과 거리감을 오로지 타겟팅으로만 조절하는 것으로 퍼팅 루틴에서 확인할 수 있다. 목표를 반복적으로 타겟팅하며 방향과 거리감을 얻는 루틴은 세계적인 퍼팅 실력과 무관하지 않을 것이다.

연습 Tip
1. 어드레스 후 목표를 응시하며 조절하는 과정을 2~3회 반복한다.
2. 1회 타겟팅에서는 목표물의 이미지나 표상을 확인하고 기억하려 한다.
3. 시선은 볼을 바라보고 목표물에 대한 방향, 거리를 유추하고 2차 타겟팅을 통해 오차범위를 줄인다.
4. 다시 볼을 응시하며 목표물에 대한 방향, 거리를 유추하고 마지막 타겟팅을 하여 목표물에 대한 시공간의 확신을 얻어 자신감으로 수행한다.
5. 만약 목표물에 대한 오차가 생각보다 크다면 한 번 더 진행하며 확신을 얻는다.
※ 타겟팅 연습 초기 과정이 매끄럽지 못해 시간이 길어지고 횟수가 많아질 수 있다. 필드에서는 어느 정도 연습된 이후부터 사용하자.

05. 인지·신체 준비 끝, 주의집중만 남았다 : 3단계, 몰입 영역(Flow zone)

<u>순간 호흡을 통해 심리적 안정과 주의를 심장으로 모은다.
모인 주의를 볼에 옮겨 완전히 몰입된 상태를 만든다.</u>

    기술 확신과 최상의 몸 상태를 만들었다면 이젠 주의를 볼에 집중하고 무의식으로 샷만 하면 된다. 3단계는 호흡을 통해 심장 박동수의 안정을 얻고, 주의를 한 곳으로 모아 볼에 옮기는 과정이다.
    마지막 3단계는 몰입 영역이다. 몰입(Flow)은 무언가에 흠뻑 빠져 있는 심리적 상태이거나,[130] 현재 하고 있는 일에 심취한 무아지경의 상태이다.[131] 어떤 의식적 개입이나 신체적 불편함이 없고 오로지 볼에만 집중된 상태를 만들기 위해 몰입이 필요하다. 최고의 샷을 회상해 보면 어떤 의식이나 불편함이 없이 '지금, 현재(new & here)'에 몰입되어 무아지경에서 샷이 이루어졌을 것이다. 이런 최고의 인지 상태를 만드는 것이 최고의 샷으로 들어가는 마지막 절차이며 관문이다.

---

[130] Csikzentmihalyi (1990).
[131] 권석만 (2008).

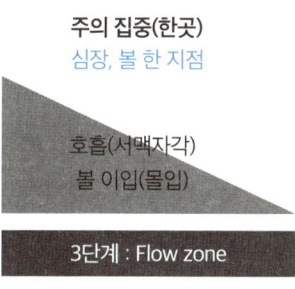

그림 34. 인지구조 3단계 : 몰입 단계

  심장 박동수의 패턴을 지각하기 위해 주의를 집중하고 순간 심호흡을 통해 흥분한 심장 박동 패턴을 늦춘다. 이런 서맥(bradycardia, 여기에서는 느리게 뛰는 맥박을 칭함)이 가능한 것은 다음 장에서 제시할 호흡 훈련을 통해 심장 박동의 민감성과 필드에서 사용할 수 있게 숙달도를 향상키는 것이 중요하다.

  훈련을 통해 맥박 자각 민감성이 향상되면 샷 직전 중압감으로 맥박수가 급증하는 것이 자각된다. 이런 불안 조건형성이 언제 어디서든 방어반응으로 맥박을 증가하는 현상의 패턴을 인식하게 된다. 이런 패턴을 인식하면 보다 효과적인 대처가 가능하다. 자신의 맥박을 느낀다는 것은 필드에서 무의식 불안이 만들어내는 방어반응을 모니터링 할 수 있는 중요 전략이다. 이런 맥락 조건형성 된 상황에서 순간 호흡은 가장 간단하면서도 효과적인 심리 기술이다. 그 방법은 숨을 깊게 들이마시고 가볍게 내쉰 상태에서 숨을 멈추고 샷 하는 것이다.[132]

---

[132] 유충경 외 (2014).

그림 35. 샷 직전 주의집중

　호흡 훈련을 통해 심장의 패턴을 느끼게 되며 어느 정도 조절력이 생긴다. 심장 맥박은 신체 여러 곳에서 느낄 수 있고 그 대표적인 부위가 심장이 위치한 명치나 대동맥이 흐르는 부위(관자놀이, 목, 팔, 손목, 허벅지, 발목 등)들이다. 이렇듯 심장 박동을 느낄 수 있는 곳은 신체 여러 곳에 있고 호흡 훈련을 통해 명치의 심장 박동을 느낄 것을 권장한다. 꼭 명치에서만 느끼라는 것은 아니다. 다른 신체부위에서 심장 패턴이 더 잘 느껴진다면 그 곳을 의식하는 것도 상관없다. 그래서 호흡 훈련을 하며 신체 여러 곳에서 보내는 신호를 주의 깊게 살펴봐야 한다. 필드에서 빠르고 쉽게 알아차리도록 미리 알아둬야 한다. 라운드 도중 심장 패턴을 자각하기 위해 인위적인 행동이나 절차가 늘어나는 것은 루틴이 길어지고 복잡해져서 도움이 되지 않는다.

　순간 호흡은 서맥을 탐색하기 위해 주의를 한곳으로 모으고 이를 볼로 옮겨 주의의 누수 없이 온전한 인지 에너지를 볼에 몰입하는 과정에 이용한다.

또한 볼을 응시할 때는 볼의 전체를 보는 것이 아닌 볼 한 지점에 초점(초점시)을 둬야 집중에 도움이 된다. 그리고 기술적인 생각이나 불안감 없이 직감적이고 감각적인 무의식에서 샷을 해야 한다.

2단계에서 팔, 몸, 목표에 주의를 두었고 신체, 타겟에 대한 확신을 얻어 3단계로 넘어오면 주의는 심장에서 서맥을 느끼고 온전히 볼로 옮겨 인지 에너지를 볼에 몰입해야 한다. 3단계 과정이 숙달되면 의식적으로 주의를 심장으로 모으지 않아도 자연스럽게 진행되며 볼로 옮겨지는 과정이 매끄러워져 맥박을 지각하기 위해 주의를 과도하게 사용하지 않아도 볼로 바로 넘어가는 숙달과 응용을 사용하게 된다. 하지만 이런 숙달과 응용을 성급하게 하려면 실수가 나올 수 있고 조급해질 수 있다. 여유를 갖고 충분히 훈련되면 자연스럽게 주의의 사용과 조절이 가능해진다.

> **연습 Tip**
> 1. 2단계 마지막 목표물을 응시하고 볼을 바라보며 순간 호흡을 한다.
> 2. 순간 호흡은 깊게 들이마시고 가볍게 1/3~1/2정도 숨을 내시면서 서맥을 느낀다.
> 3. 서맥을 느끼기 위해 주의를 한 곳에 모으고 그대로 볼 한 지점에 초점을 맞춘다.
> 4. 그리고 무의식적이고 완전히 몰입된 상태로 샷을 한다.

Chapter 6
일상의 멘탈 훈련

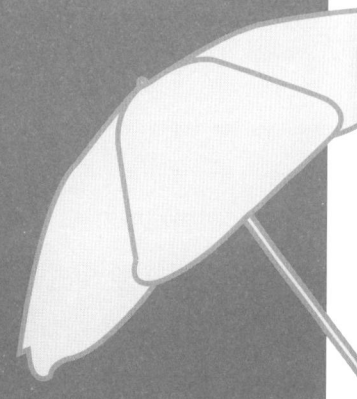

1. 실수는 누구나 한다. 너무 책망하지 말자
2. 자신이 이뤄낼 수 있을 정도의 목표를 설정하자
3. 소리를 내고 소리를 듣는 자화(Self-Talk)의 효과
4. 내 자신에게 집중하고 '지금, 현재'에 머물게 하는 훈련 '명상(Meditation)'
5. 긴장 상태의 보편적 이완방법-호흡법
6. 감정 알아차림
7. 점진적 근육 긴장-이완 기법
8. 멘탈 라운딩(Mental Rounding)

Chapter 6
일상의 멘탈 훈련

　이제까지 필드에서 발생되는 심리·생리·정서적 문제와 이를 대처하기 위한 방법을 배웠다. 이번 장에서는 이런 심리 요인이나 인지과정, 행위적 대처의 효과를 향상시키고 지원하는 마음가짐과 멘탈 훈련을 소개하겠다.

　마음가짐은 필드나 시합에서 임하는 심리적 자세를 말한다. 어떤 마음을 갖고 플레이하느냐는 감정의 폭발이나 관점 형성에 중요한 역할을 한다. 생각은 정서를 만들고, 정서의 경험은 느낌을 유발한다. 골퍼의 생각에서 평정심을 잃거나 감정 발생으로 부정적인 결과를 초래하기에 마음의 기준을 잡는 일이다.

　멘탈 훈련은 평상시에 주기적으로 이루어져야 하며 루틴이나 인지과정의 요인을 지원하는 민감성 향상이나 응용력, 접근성, 완성도 등을 높이는 목적으로 사용된다. 멘탈 훈련이 이루어지지 않은 상황에서 인지구조 3단계를 적용하는 것은 신체, 심리에서 발생되는 다양하고 많은 정보를 자각이나 수용에 제한적일 수 있다. 민감성 향상은 불안이나 흥분 같은 정서·심리적 반응을 정확하고 신속하게 자각 능력 향상으로 적절한 대처가 가능해진다. 멘탈 훈련에는 심리적 행위에서 사용하는 신체 표지의 느낌, 심상의 회상과 창조 등의 효과를 높이는 강화 작용을 한다.

  1~5장까지 내용으로 루틴을 만들 수 있다. 인지구조 3단계 속 심리요인을 강화할 촉매제가 필요하며 마음의 기준과 심리요인의 훈련을 통해 정교한 지각, 정확한 인지, 세밀한 자각이 가능하며 각 요인의 완성도를 높일 수 있다.

  마음가짐과 심리요인 훈련은 크게 명상, 호흡, 점진적 근육 긴장-이완 기법, 멘탈 라운딩(심상, 회상) 등이 있다. 어떤 마음가짐과 관점으로 플레이할 것인가를 미리 심상하고 회상하는 방법으로 모든 훈련은 명상법이 기준이 된다. 생리적 상태 자각을 위해 호흡법, 점진적 긴장-이완 훈련, 라운드나 샷 과정을 미리 그리고 클럽 선택의 자신감 향상은 멘탈 라운딩(심상, 회상), 마지막으로 감정 기복을 알아차리기 위해 감정 알아차림 명상을 실시한다.

01. 실수는 누구나 한다. 너무 책망하지 말자

<u>골프를 하는 동안 모든 사람은 실수를 한다.</u>
<u>실수를 두려워하는 것이야 말로 더 큰 실수를 유발한다.</u>
<u>당당히 수행하고 책망하지 말자.</u>

인간은 누구나 완벽을 추구하고 그러기 위해 끊임없이 노력한다. 하지만 이런 바람에도 불구하고 인간은 로봇이 아니기에 실수를 한다. 정도의 차이뿐이지 실수를 하지 않는 사람은 없다. 모든 수행에 실수가 나오는 건 당연한 일이고 지극히 정상적인 것이다. 로봇이나 기계가 아닌 인간은 완벽할 수가 없다. 어찌 보면 골프에서 실수가 있기에 성공의 짜릿함과 성취감이 더 달콤한 것인지 모른다.

2000년대 초 골프 황제 '타이거 우즈'의 플레이는 실수라는 건 찾아볼 수 없을 정도의 절정의 경기력이었다. 그런 그도 인터뷰에서 자신의 경기력에 대한 질문에 자신은 보통 한 라운드에 8번 정도 실수를 한다는 답변에 많은 사람이 놀람을 감추지 못했다. 실수의 기준과 범위는 주관적이기에 타인과 상관없이 자신이 느끼기에 그렇다면 그런 것이다. 이런 기준이기에 가능한 이야기이지만 그래도 절정의 경기력을 펼치던 타이거 우즈가 그렇게 많은 실수를 한다는 것에 놀라웠다. 그럼에도 불구하고 그렇게 멋진 경기력을 보이는 것에 한 번 더 놀라워했다. 하지만 타이거 우즈 역시 인간이기에 실수를 하는 것은 당연하다. 만약 그렇지 않았다면 출전하는 모든 시합에 우승자는 이미 결정된 것이나 다름없을 것이다.

> 실수 : 습관적이고 자동적인 처리로 주의가 제대로 할당되지 않을 경우 발생한다. 원래의 의도와 어긋나는 행동을 말한다.

골프에서는 실수 역시 일부분으로 골프 발생에도 실수의 범위를 포함하고 있는데 이것이 바로 그린에서 2번의 기회를 주는 이유이다. 이렇듯 골프 스코어 결정에도 실수나 완벽할 수 없는 인간의 능력이 감안되었다. 하지만 라운드 도중 이런 실수를 인정하지 못하고 감정적이고 즉흥적으로 반응하는 건 결코 경기력에 도움을 주지 못한다.

자신의 실수에 조금 더 너그러워지고 수용하는 마음으로 바라봐준다면 자신의 감정, 생리, 심리 등은 한결 안정적일 것이며 플레이에도 긍정적인 영향을 줄 것이다. 이성과 사고, 의식을 효율적으로 조절하고 유지하며 플레이가 가능하다. 실수에서 오는 분노, 짜증, 낙담 등 부정적인 정서는 플레이에 도움이 되지 않는다. 라운드에서 실수는 있어도 실패하는 라운드를 만들어서는 안 된다. 생산적이고 발전적인 사고와 정서로 미래지향적으로 성장하는 경험으로 만들어야 한다. 그러기 위해서는 감정에 휘둘려 평정심을 잃고 실수를 유발하는 것들로 인해 동기를 잃게 만들어서는 안 된다. 그런 부정적인 상황을 초래하는 것은 누구도 아닌 자신이라는 걸 잊지 말고 멘탈 훈련을 통해 사고와 정서는 조절이 가능하다는 것을 항상 명심하자.

02. 자신이 이뤄낼 수 있을 정도의 목표를 설정하자

목표를 설정하기에 앞서
자신이 할 수 있는 부분과 할 수 없는 부분을 나누는 것이
성공적인 목표설정의 지름길이다.

"이번 시합은 TOP 10안에 드는 것이 목표이다.", "난 6개월 안에 80대에 들어갈 거야."와 같이 어떤 기한을 두고 목표를 정하는 것을 목표설정이라 한다.[133] 목표설정은 좋은 동기부여 전략 중 하나로서 인간 행동은 목적 또는 의도(intention)에 의해 결정된다.[134] 자신의 행위는 의식적이고 적절한 목표설정에 의해 동기와 실행에 필요한 내적 에너지를 얻게 된다.

목표설정은 자신이 목표를 이루기 위해 필요한 노력의 정도와 방향을 제시하고, 노력과 헌신을 지속적으로 유지하도록 만드는 직접적인 원인이다. 목표설정에는 목표를 이루기 위해 필요한 기술이나

---

[133] Locke et al (1981).
[134] Locke (1968).

Chapter 6 일상의 멘탈 훈련   221

방법에 대한 교육과 연습을 통해 수행력을 높이기 위해 훈련 기간을 포함한다. 조급한 마음에 훈련 기간을 짧게 선정하거나 높은 성취 욕구로 자신의 기량에 맞지 않는 목표를 설정한다면 오히려 동기를 잃고 조급함을 불러일으켜 부정적 정서를 초래한다. 적절하지 못한 목표설정은 부정적 전략이 된다.

목표를 설정할 때 유의할 점은 자신의 기량을 객관적으로 보는 능력이다. 자신의 기량은 어느 정도이고 얼마나 노력을 하면 목표를 이룰 수 있는지 평가하는 작업이다. 이런 객관화에는 수량적인 설정과 구체적 행동 평가를 포함해야 한다. 지금 자신의 능력을 100%라고 보고 노력이라는 에너지를 투자해서 120%라는 목표를 달성하도록 설정하는 것이다. 또한 목표를 달성하기 위한 과정에서 필요한 기술이나 완성도를 높일 수 있는 훈련방법을 계획하고, 적용하여 습득하는 기간의 적절성은 목표 성취 가능성의 동기를 유발한다.

자신의 목표 달성 여부의 가능성 정도는 실재 달성 여부에 많은 영향을 준다. 자신이 할 수 있을 거라는 믿음에서 더 헌신하고 노력하는 에너지를 얻게 된다. 이것을 '자기실현적 예언(self-fulfilling)'이라 하여 자신에 대한 예상이나 예언의 영향으로 예전에 이룰 수 없었던 일이 생각대로 이루어지는 현상을 말한다. 이런 예상은 자신의 목표를 이루기 위한 과정에 필요한 노력이나 인내, 끈기 등과 같은 긍정적 에너지를 발휘한다. 하지만 너무 높은 목표나 단기간의 설정은 이룰 수 없는 목표로 인식되고 이는 스트레스와 부정 정서를 유발하게 된다.

이룰 수 없는 목표설정 = 스트레스와 동기의 상실 초래

자신이 느끼는 목표를 스트레스로 인식하는 것은 자기 결정성이 낮아 자신의 의견이나 견해가 반영되지 않은 목표일 것이다. 자신의 의지나 의사가 반영되지 않는 목표설정이 스트레스로 다가올 때 연습이나 훈련은 더 이상 성장하기 위한 목표가 아닌 그냥 단순한 스트레스일 뿐이다. 이런 목표는 투쟁이나 도피해야 하는 상황으로 받아들여진다. 해낼 수 없는 목표를 일방적으로 설정하고 제시하는 것은 동기를 잃게 만든다. 거부할 수 없고 마다하지 못해 할 수 없이 해야 할 때는 무기력에 빠진다. 여기에 고의적으로 과도한 목표설정이 이루어졌다고 느껴질 때는 강한 분노와 화, 우울을 느낀다. 간혹 선수의 경우 부모의 주관으로 목표설정하거나 압력을 가하는 경우가 있는데 이런 자기결정성의 배제는 선수로 하여금 극심한 스트레스를 유발하여 연습이나 훈련의 효율을 떨어뜨린다. 또한 이런 결정은 자신을 위한다고 표방하지만 부모님의 욕구나 대리만족하기 위한 것이라고 인지될 때 더 강한 반발심이 생긴다.

이렇게 목표설정에 자기 결정성 결여, 일방적 제시, 고의성, 과도한 설정과 기간은 골퍼로 하여금 부정적 감정인 분노와 무기력함을 느끼게 한다. 자신에게 고의적으로 부당한 일(이룰 수 없는 목표설정)을 제시하면 이를 받아들이는 골퍼는 강한 분노를 표출하게 되거나 [135] 무기력함을 유발하는데 이는 결국 골프에 대한 흥미와 활력을 잃게 된다. 가령 실력 차이가 명백히 나는데 내기를 강요받거나, 너무

---

[135] Scherer and Wallbott (1994).

높은 스코어를 바라는 부모님의 바람 등으로 분노하거나 좌절감을 느끼면 골프에 대한 의욕을 잃게 된다.

이런 이유로 자신의 능력과 상관없는 목표를 제시 받는 것은 감정을 불러일으키고 이런 스트레스를 장기적으로 받게 되면 다음과 같은 행동적인 증후를 보이게 된다.

- 플레이 중 갑자기 대화를 하지 않는 경우
- 상대의 눈을 피하는 경우
- 라운드에 대한 즐거움이나 활력이 없어 보이는 경우
- 이유 없는 짜증이나 분노를 표출하는 골퍼
- 말에 짜증이 담겨있는 골퍼

이런 증후는 골프에서의 과도한 목표설정 때문만은 아니다. 다른 문제나 또는 일상생활 속에서도 어떤 원인에 의해 나타날 수 있는 현상이기도 하다. 많은 원인으로 이런 행동을 보일 수는 있지만 골프에서의 목표설정이 적절하지 않을 때 극심한 스트레스의 원인이 된다.

골프를 즐기는 골퍼가 되기 위해서는 자신의 능력을 제대로 평가하여 적절한 목표에 다가갈 수 있도록 설계하는 것이 중요하다. 자신이 할 수 있는 것과 할 수 없는 것은 자신이 가장 잘 알고 있기에 선수 본인이 목표설정에 주도적으로 참여하여 목표 수용(goal acceptance)이 되어야 목표 몰입에 도달한다.[136]

---

[136] Locke et al (1988).

적절한 목표설정은 목표 몰입(goal commitment)을 유도하고 이는 목표를 달성하기 위한 적극적인 노력을 지속적으로 유지하게 한다.

동기부여라는 말로 과도한 목표를 설정하고 이를 압박하여 연습과 훈련을 시키는 것은 오히려 탈진이나 중도포기를 초래할 수 있다. 적절한 의사소통과 자기 결정성을 반영한 목표를 설정하는 것이 성장을 촉진하는 전략이다.

03. 소리를 내고 소리를 듣는 자화(Self-Talk)의 효과

<u>자신에게 이야기하는 것은 이완의 좋은 전략이다.
다만 소리 내며 해야 그 효과를 높일 수 있다.</u>

 2016년 리우데자네이루 올림픽 펜싱에서 박상영 선수의 경기는 스포츠 멘탈의 중요성을 보여주었다. 상대선수에게 1점만 더 내주면 금메달을 내주는 상황, 쉬는 짧은 시간 벤치에 앉자 "나는 할 수 있다."라는 자화(self-talk)를 4번 읊조리며 자기 암시를 하고 들어간 게임에서 연거푸 5점을 연속 득점하여 역전승하였다. 정신력과 마음가짐의 중요성을 보여주는 시합으로 스포츠 감동을 전하는 영상에 자주 쓰이는 중요한 사례가 되고 있다. 중압감을 받는 상황에서 정신력을 높이기 위해 사용한 심리 기법인 자화(self-talk)기법을 활용한 것이다. 자화는 불안 상황에서 이완을 돕는 중요한 방법으로 선수 스스로 자신에게 이야기하며 다짐하는 말이다.

 '난 할 수 있다.'
 '집중하고 하나씩 하자.'

'자. 침착하게 하자.'
'천천히 하자.'

    단어나 문장으로 구성하여 소리를 내어 말하고 들으면서 심리적 안정과 긍정적 효과를 얻는다. 자화의 심리 기술을 사용할 때 중요한 것은 소리를 내는 것이다. 머릿속으로 생각만 하는 것과 소리 내어 말하는 것은 효과에서 많은 차이가 난다. 우선 소리를 내며 듣는 행위에서 사용하는 뇌 영역의 차이이다.
    말하기 위해 문장을 만들고 검토하는데 사용되는 뇌 기능은 브로카 영역(broca's area)에서 이루어진다. 언어의 생성 및 제어를 담당하는 영역으로 전두엽에서 말의 구성을 생각하면 브로카 영역에서 단어의 선택과 문장을 구성한다. 그리고 운동영역에서 입술, 혀, 성대, 폐와 횡경막을 이용해 말의 소리를 만든다. 그 소리인 공기 파형을 귀에서 청각 신호로 받아들여 베로니케 영역(wernicke's area)으로 보내고 여기서는 청각신호를 분석하는 과정을 통해 말의 발생부터 이해되는 지각 절차를 거친다. 이렇게 소리를 만들고 듣는 것이 자화의 효과를 높이는 방법이다. 또한 청각 신호로 들어온 정보는 무의식적 기억과 결부된다. 지각은 범주화된 기억에 현재의 감각입력을 비교하는 과정으로 언어는 내면화되면서 의미를 부여한다. 언어의 의미는 선수의 정서, 행동, 기억 등에 영향을 준다. 자신이 필요에 의해 사용하는 이유가 여기에 있다. 그래서 인간은 '의미 속에 구속된 상태'라고 말하는 과학자도 있다. 이렇듯 발성은 감정적 경로와 운동적 경로의 이중경로로 조절된다. 감정적 경로는 변연계와 관련 부위에 전달되어 감정적 발성을 부추기고 운동적 경로는 브로카 영역에서 혀, 인두, 입 주위 근육을 통해 발음한다.

감정표현도 입, 눈, 이마 등의 주위 근육을 움직여 표정을 만들어 결국 운동으로 표출된다. 그래서 감정과 운동을 모두 근육운동의 조절작용이라 한다. 이런 감정은 자율신경계에 영향으로 교감·부교감신경계의 활성을 일으키게 된다. 경기력 향상을 위한 자화는 발성의 효과로 목적의식을 뚜렷하게 하기 때문에 반드시 문장을 만들어 발성하여 감정과 운동을 함께 사용해야 한다.

04. 내 자신에게 집중하고 '지금, 현재'에 머물게 하는 훈련 '명상(Meditation)'

자신을 되돌아보고 온전히 받아들이는 과정
자아 성찰의 시간으로 골프와 삶 모든 영역에 적용 가능한 훈련법

　골프 멘탈에서 명상(meditation)은 그 자체로도 충분히 효과적이지만 다양한 훈련법에 응용되어 사용한다. 심상 훈련과 호흡법, 점진적 근육 긴장-이완 훈련, 감정 알아차림 등 정적으로 이루어지는 멘탈 훈련에서는 명상법에서 사용되는 자세와 호흡, 내레이션까지 다양한 분야와 영역에서 직·간접적 영향을 준다. 명상은 필드에서 마음가짐과 멘탈 훈련의 기본이 되는 관점과 자세, 원리를 내포하고 있다. 명상법을 잘 습득하는 것은 전반적인 멘탈 훈련의 체계를 다지는 것으로 효과를 높이는 기본과 틀을 제공한다.
　명상을 떠올리면 종교적 느낌에 거부감을 갖는 사람이 있지만 특정 종교를 떠나서 요즘은 다양한 분야에서 사용되고 있다. 스트레스 관리, 학습 향상, 건강 증진, 수행력 향상, 자기 수양 등과 같은 목적으로 일반인은 건강한 삶(well-being)을 위하여, 기업은 업무 능률 향상을 위하여 명상을 이용한다. 이 장에서 소개할 명상은 통찰

명상을 기본으로 하여 '모든 것을 있는 그대로 본다'라는 위빠사나 (vipassana) 명상이다. 명상의 특징은 무엇보다도 자신의 감정이나 신체, 느낌 등을 즉각적 자각을 위한 주의를 기울여 최고의 수행 발현을 목적으로 최상의 정신·신체 상태를 만드는 능동적 과정이다. 천주교 명상 수행을 하는 수녀들과 불교 수행자(명상가)들이 명상할 때 뇌를 관찰하면 기도 문구와 그 의미에 초점을 맞추는 수녀들은 언어 중추가 활성화되고, 신성한 심상에 몰두하는 불교 수행자들은 시각 처리 영역인 하위 측두엽(inferior temporal lobe)이 활성화 된다.[137]

반면, 수녀와 불교도 모두가 눈 바로 윗부분에 위치한 전두엽, 특히 전전두피질에서 왕성한 활동을 보였다. 전두엽은 주의를 기울이고 우리가 깨어있는지 감시하여 수행에 집중할 수 있게 해준다.[138] 이 주의영역은 독서, 달리기, 말이나 이미지에 대한 명상처럼 과제를 계획하고 실행하는 일을 돕기도 한다. 전두엽은 언어와 기억, 자기 성찰적 의식,[139] 복잡한 사회적 기능,[140] 쾌락 등의 처리 과정에서 중추적인 역할을 한다.

앞으로 배울 명상법은 다양한 목적과 상황에 따라 응용하여 사용할 수 있고 명상의 자세나 방법은 심리 기술 훈련인 이완 훈련, 심상, 호흡 훈련 등에 기초가 되는 기본 훈련이다. 또한 명상은 '삶의 기술'이며 명상을 통해 삶에서 겪는 모든 것을 보다 생생하게 의식할 수 있게 된다.

---

137 Newberg et al (2003).
138 Ingvar (1994); Frith et al (1991); Posner and Petersen (1990); Pardo et al (1991).
139 Vogeley et al (1991).
140 안토니오 (1999).

골퍼는 필드에서 여러 형태의 성장-욕구를 느낀다. 유능감, 성취감, 즐거움, 명예, 상금 등으로 그 목적을 충족하기 위해 필드로 나가는 것이다. 앞서 이야기했던 최상의 수행을 위해서는 '지금, 현재(now & here)'에 집중해야 한다. 하지만 지금, 현재를 살지 못하고 미래나 과거에 얽매여 의식이 머물다보면 조바심, 초조, 근심, 불안, 후회, 낙담 등 경기력에 부정적 영향을 주는 요인에 주의를 뺏긴다. 미래에 주의를 뺏기는 것은 지금이 아닌 앞으로 일어날 일들에 대한 생각이 떠오르는 것으로 이번 홀에 대한 결과(버디나 몇 타에 끝내겠다는 생각), 욕구나 욕심(홀에 볼을 넣겠다는 생각, 우승, 상금, 승리자)에 생각이 머무는 것이며, 과거에 주의를 뺏기는 것은 실수, 실패 등에 주의가 가는 것이다. 이런 미래와 과거에 의식이 머물수록 지금 당장 수행해야 할 과제에는 최상의 심리, 정서 상태를 제공하지 못한다. 그렇다고 생각을 조절하여 '지금, 현재'에 집중하고 미래나 과거는 잊으라고 하면 그렇게 되는가? 그렇지 않다. 생각은 불수의적이고 유동적이다. 조절하고 싶다고 조절할 수 있는 것도 아니고 한 곳에 머물라고 해서 머물 수 있는 것도 아니다. 생각하지 않으려고 하면 더 생각나고 한 곳에 머물라고 하면 더 여기저기 돌아다닌 것이 생각의 속성이다.

불안해하지 말라고 이야기하면 더 불안해지는 걸 정신역설효과(mental irony effect)라고 한다.[141] 대부분의 사람들은 자신의 생각을 조절하고 싶어 하지만 쉽지 않다. 필드 현장에서도 마찬가지다.

---

141   Wegner (1994); Wegner, Erber and Zanakos (1993).

이럴 때는 욕구-생각이 아닌 감각에 주의를 기울이는 것[142]이 도움된다. 미래도 과거도 아닌 현재 자신의 감각에 집중하는 것이 지금 자신이 하고 있는 일에 의식을 집중하는 것이다. 또한 자신의 감정이나 신체, 느낌 등을 알아차림 하기 위해 목적적 사고를 하는 것이 지금 현재 자신 내면을 고찰하며 수용하는 능력을 향상시킨다. 이는 일상생활에도 도움 되며 시시각각 변하는 자신을 알아차리는 민감성을 향상시켜[143] 즉각적이고 현장중심적인 대처가 가능하다.

> 명상 – 미래, 과거가 아닌 현재 자신 내면을 들여다보며
> 감정, 기분, 신체 상태를 자각하여 알아차림 하는 것.

명상은 주의 훈련 효과가 있다.[144] 첫째, 주의의 집중과 유지(focused attention & sustained attention)를 하는 것이다. 욕구-생각이 아닌 감각에 주의를 보내는 훈련을 통해 주의의 집중이 향상된다. 또한 끊임없이 의식공간으로 들어오려는 생각(욕구-생각)을 들이지 않고 감각에 주의를 유지하는 능력도 향상된다. 둘째, 알아차림(self-awareness)의 기술이 향상된다. 자신에게 주의를 집중하다 벗어날 때, 벗어남을 알아차려 다시 주의집중의 대상으로 주의를 돌릴 수 있다. 셋째, 주의전환(switched attention)의 기술이 향상된다. 주의대상에서 주의가 벗어났을 때 다시 주의 집중의 대상으로 돌아오는 기술(refocusing)이다.

---

[142] 김정호 (2011).
[143] 김정호 (2018).
[144] 김정호 (1994); 김정호 (2011).

> **명상의 효과**
> 1. 주의의 집중과 유지(focused attention & sustained attention)
> 2. 알아차림(self-awareness)
> 3. 주의전환(switched attention)

 이렇듯 명상은 주의의 집중과 유지, 알아차림, 주의전한 능력을 향상시켜 자신 내면의 감정을 알아차리고 필요에 따라 전환할 수 있는 능력을 갖추는 데 효과적이다. 몸과 마음이 보다 현명하게 관계 맺는 법을 알게 되어 감정, 관점, 정서에 집중되고 안정적이며 평정심을 유지하는 방법을 배운다. 필드나 연습장에서 두려움, 욕심, 분노가 발생되는 것은 인간이 내재적으로 포함하고 있는 정서 반응으로 우리 뇌는 그런 본능과 기능, 조건 형성하며 생존해 왔다. 하지만 이런 반응을 자연의 법칙으로 치부하고 방치하면 그만큼 경기력과 수행에는 부정적 영향을 줄 수밖에 없다. 어두운 두개골 속의 뇌는 골프 상황과 맥락마다 위험하고 피해야 하는 상황으로 인식하며 비상 상태 모드로 전환한다. 이런 신체·생리적 반응은 무의식적이고 자동적으로 발동되어 안정적이고 이성적인 상태가 아닌 각성을 일으켜서 골프 경기력에 영향을 준다. 명상이 기량 향상에 직접적인 영향을 주기보다는 자신의 몸과 감정을 열린 마음으로 바라보게 되면서, 옳고 그름을 판단하지 않고 있는 그대로를 자신의 상태를 자각하여 통찰과 해안을 준다. 지금 현재 있는 그대로 자신을 깨닫고 받아들이고 더 나아가서는 정확한 자신을 알아차리며 평정심을 유지하는데 도움을 준다. 명상에 필요한 것은 개방성, 탐험심, 바라봄이다. 집이나, 연습장, 필드에서 앉거나 걸으며 현재 이 순간에 집중하기 위해 호흡과 몸, 감정을 관찰하는 법을 배운다면 안정적이고 이성적인 자신을 만드는데 도움이 될 것이다.

05. 긴장 상태의 보편적 이완방법-호흡법

<u>불안과 긴장의 신호를 보내는 심장 박동수</u>
<u>이를 안정시키는 호흡법</u>

 호흡법은 대표적인 이완 기법이나 명상에서 주의 대상으로 호흡을 별도로 다루며 호흡에 관심을 갖는 것은 나에 대한 관찰이기도 하다.[145] 또한 필드에서 사용하는 '순간 호흡'의 배경이 되어 수행에 밀접한 적용이 가능하다. 우리는 숨 쉬는 것을 의식하지 않는데 이것은 뇌가 모두 알아서 처리해주기 때문이다.[146] 이렇게 자동적 호흡 제어 외에도 우리 스스로가 호흡 속도나 흡입 공기량을 조절할 수 있어[147] 호흡 훈련, 명상 호흡, 심호흡, 순간 호흡 등에 응용이 가능하다.

 호흡 패턴은 정서와 연합되어 있어 화가 나거나 겁에 질린 사람은 불규칙하고 잦은 호흡을 하는 반면 즐거운 사람은 깊고 느리게 호흡

---

[145] 김정호 (2018).
[146] Guz (1997); Haouzi et al (2006).
[147] Urfy and Suarez (2014): Haouzi et al (2006): Mitchell and Berger (1975).

한다.¹⁴⁸ 이렇듯 정서와 호흡은 연결되어 있어 스트레스나 불안을 느끼면 교감신경계가 부교감신경계보다 활성화되고 즐거움이나 행복을 느끼면 부교감신경계가 활성화 되는데 이것은 정서·생리적 반응이다.¹⁴⁹ 대표적인 정서인 불안을 느끼면 심장 박동수(heart rate) 증가와 얕은 호흡 등 기본 반응을 한다.¹⁵⁰ 이에 효과적인 대처법은 명상이나 요가, 이완훈련 등에서 사용하는 호흡 패턴으로 규칙적으로 숨을 천천히 쉬면 부교감 신경계를 통제하는 미주 신경이 더 활성화되어 심장 박동수를 늦춘다.¹⁵¹ 명상 훈련이 주로 호흡법부터 시작하는 것은 호흡 제어를 통해 불안 완화 효과를 보기 위함이다.¹⁵²

긴장이나 불안은 선천적으로 생존과 관련하여 발생하는 '진짜 두려움'과 라운드에서 발생하는 불안과 긴장은 생존과 상관없는 '가짜 두려움'으로 일어난다. 가짜 두려움은 후천적으로 학습된 기억 때문이다. 정작 스스로는 이런 기억이 어디서 왔는지, 무엇 때문에 불안하고 긴장되는지 알 수 없다. 이런 의식되지 않고 설명할 수 없는 기억을 암묵기억(implicit memory)이라고 한다. 이런 기억이 심장 박동수를 증가시키고 호흡을 얕게 만든다. 필드에서 이 반응을 알아차림 하는 것은 대처에 있어 매우 중요하다. 자신이 연습하던 환경이나 연습라운드처럼 안정적인 상황에서 발생하는 생체 지표가 아니기

---

148 Philippot, Chapelle and Blairy (2002).
149 Martens, Vealey and Burton (1990).
150 Porges (2001).
151 Porges (2001); Streeter et al (2012).
152 Davidson and Lutz (2008); Lutz et al (2007); Fox et al (2014); Zeiden et al (2014); Dickenson et al (2013); Davanger et al (2014); Jang et al (2011); Manna et al (2010).

때문이다. 심장 박동수 증가와 얕은 호흡이 왜 발생되는지 알 수 없지만 암묵기억으로 인해 신체 상태가 안정되지 못하다는 반증이다. 더 정확히는 투쟁심인지 도피하고 싶은 마음 때문인지 모르지만 의식되지 못하는 기억으로 인해 생리적인 반응을 보이고 있다는 것이다. 이런 반응은 평상시 안정된 상태에서 발휘하던 경기력을 발휘할 수 없다. 불안은 뇌 변연계와 편도에서 관장하는 감정적 반응이며 비상상태로 변한 것의 신호(signal)로써 심장 박동수 증가와 호흡을 변화 시킨다.

이런 신호를 필드에 얼마나 빨리 알아차림 하느냐는 대처 유무를 결정짓는 중요한 자료가 된다. 이런 생리 지표 모니터링을 위해 평소 자신의 심장 박동 패턴을 알아야 한다. 그리고 평상시와 다른 심장 박동 패턴을 보일 때 호흡이라는 부교감신경을 활성화 시키는 훈련을 통해 패턴을 늦추는 경험을 해봐야 한다. 호흡 훈련을 통해 서맥과 조절력을 느끼는 것은 생리 지표를 조절할 수 있다는 자신감을 준다. 이는 프리 샷 루틴에서 사용하는 순간 호흡의 중요성과 효과를 높이는 역할을 한다. 호흡을 통해 서맥을 느끼며 심장 박동의 패턴에 대한 민감성을 향상시켜 샷 직전에 자신의 상태를 모니터링 하는 방법으로 심장 박동 패턴을 읽고 지각하는 능력이 향상된다. 그럼으로써 호흡법의 효과를 극대화할 수 있다.

심장 박동 패턴은 자신의 상태를 알려주는 신호(signal)이다.

세컨 샷을 위해 볼의 라이를 보니, 까다롭거나 싫어하는 라이, 핀 주위에 장애물로 긴장되는 상황, 바람이나 긴 거리의 샷에서 오는 부담감 등으로 불안과 긴장을 할 수 있다. 이런 자신은 무엇이 불편하고 불안한지 알 수 없지만 부적 정서를 느끼는 것이다. 그럼 뇌에서는 평상시와 같지 않음을 인식하고 방어반응으로 심장 박동수가 증가한다.

이렇게 평상시 심장 박동수보다 빠른 패턴을 보이는 것은 연습 상황과 다른 신체·생리 상태로 교감 신경계가 활성화된 것이다. 투쟁하거나 도피하기 위한 준비로 모든 동작이나 리듬이 빨라져 스윙도 급해지고 실수할 확률이 높아진다.

이런 이상 증후를 자각하고 호흡법을 통해 서맥을 일으키는 훈련으로 필드에서 사용하는 루틴의 '순간 호흡' 과정을 거쳐 안정화 전략으로 사용할 수 있다.

> **호흡법 효과**
> 1. 심장 박동수를 자각하고 서맥을 만드는 훈련
> 2. 루틴 속 '순간 호흡'으로 서맥을 일으켜 안정적 생리 반응을 유발

호흡법이 경기력에 중요한 것은 샷 리듬감과 사고력에 영향을 주기 때문이다. 불안으로 교감신경계가 활성화 되면 행동도 빨라지고 사고력도 좁아져 준비과정부터 행동 리듬과 스윙이 빨라지면 올바른 정보처리와 의사결정에 실수를 범하기 쉽다.

호흡법 훈련은 지금 현재 자신의 심장 박동 패턴을 느끼는 민감성과 늦추는 조절력을 향상시킨다. 이는 루틴 속 '순간 호흡'의 기능이

향상되어 심리와 스윙 안정성을 높이기 때문이다.

> **연습 Tip**
> 1. 호흡법 훈련은 명상 자세와 동일하게 한다.
> 2. 호흡과 심장의 움직임에 집중하자.
> 3. 심장 움직임이 잘 느껴지지 않으면 오른손 검지와 중지를 왼손 엄지손가락 아래 손목 부분(노동맥)의 맥박을 느끼며 훈련하자.
> 4. 노동맥으로 심장 움직임에 어느 정도 익숙해지면 신체 다른 부위에서 그 느낌을 찾아보자(라운드 도중 노동맥의 맥박을 느끼며 샷을 할 수 없으니 명치, 심장 뛰는 소리, 허벅지, 팔뚝 등에서 신호를 보냄).
> 5. 필드에서는 이동하거나 여유가 있을 때는 호흡법을 사용하고, 루틴 과정에서는 순간 호흡을 사용한다.

호흡 훈련

호흡훈련을 시작하겠습니다. 몸이 고요해지도록 편안하고 안정된 자세로 앉습니다. 눈을 부드럽게 감고, 허리를 바로 세우고, 편안하게 호흡을 합니다.

지금 이 순간을 느낍니다. 무엇이 느껴지나요? 몸을 느껴봅시다. 몸에서 어떤 느낌이 드나요? 긴장하고 있나요? 편안하게 이완되어 있나요? 주변에서 들리는 소리나 제 말에 귀 기울여 보십시오. 마음의 움직임, 이 순간의 감정과 생각, 기대를 느껴보세요. 이것이 당신의 삶입니다. 감각과 감정, 생각이 바로 삶입니다.

이제, 당신이 숨 쉬는 것을 느껴보십시오. 더 정확하게 말하자면, 숨을 들이쉬고 내쉬는 이 움직임, 즉 호흡에 집중하면서 지금 이 순간에 충실하는 훈련이 될 것입니다.

숨을 들이쉬고 내쉬는 동안 느껴지는 모든 것을 느껴봅니다. 공기가 코와 목을 시원하게 지나가는 느낌, 따끔거리는 느낌, 가슴의 움직임, 배가 불렀다가 꺼지는 것을 느껴봅니다.

호흡을 조절하거나 바꾸려고 하지 말고 있는 그대로 느껴봅니다. 그냥 지켜봅니다. 숨을 들이쉬고 내쉬는 것이 호흡입니다. 이것이 바로 생명의 호흡입니다. 1분에서 2분 정도 숨이 들어오고 나가는 것을 그대로 느껴봅니다. 숨이 코에서 들어오고 나가기도 하고, 배에서 들어오고 나가기도 합니다. 때로는 온몸으로 숨을 들이쉬고 내쉬기도 합니다.

호흡을 인위적으로 조절하지 마십시오. 편안하고 자연스럽게 호흡이 스스로의 리듬대로 움직이도록 그냥 둡니다.

호흡을 하며 심장 박동을 느껴봅니다. 호흡을 하고 있을 때는 들어오고 나가는 공기에 집중하고 자연스럽게 호흡이 멈출 때 심장 패턴에 집중하며 지금 자신이 상태가 어떤지 느껴봅니다.

마음이 여기저기 방황하고 있습니다. 여러 가지 생각이나 계획, 기억이 떠오를 때마다 그 안으로 빠져들지 말고 호흡에만 집중합니다.

마음이 이리저리 헤맬 때마다 호흡으로 돌아와서 들이쉬고 내쉬는 숨을 집중합니다.

집중이 잘되지 않는다면, 숨을 들이쉬면서 '안으로', 내쉬면서 '밖으로'라고 마음속으로 되뇌어도 좋습니다. 이렇게 되뇌는 것은 5%정도만 합니다. 나머지 95%는 우리를 살아 있게 하는 이 생명의 호흡을 느끼는 데 집중합니다. 숨이 들어오고 숨이 나가고, 부드럽고 편안해지는 호흡을 따라갑니다.

마음이 방황하는 걸 알아차릴 때마다 다시 호흡으로 돌아옵니다.

숨이 들어오고 숨이 나가고, 코와 목이 시원해지고, 배가 불렀다가 꺼지면 온몸이 호흡을 따라 조용히 움직이는 것을 느껴봅니다.

1분 더 하겠습니다. 1분 동안 호흡에 온전히 집중합니다.

이제 호흡법을 마무리 하겠습니다. 천천히 눈을 뜨십시오. 수고하셨습니다.

06. 감정 알아차림

<u>감정은 끊임없이 발생한다.</u>
<u>감정은 지속적으로 우리를 흔든다. 그 감정을 직시하자.</u>

필드에서는 자신의 의지와 상관없이 지속적이고 불규칙적으로 감정이 유발된다. 그 감정들은 긍정적이든 부정적이든 경기와 수행에 영향을 준다. 이런 영향으로 결과는 가변적이고 예측할 수 없다. 라운드 중에 발생하는 감정은 수행력에 영향을 주고 스코어에도 변화를 주지만 이것은 기술의 문제가 아닌 마음의 문제이다. 평정심을 깨고 마음이 흔들렸다고 볼 수 있다. 이렇게 예측할 수 없는 상황을 좋아할 골퍼는 없을 것이다. 누구나 흔들리지 않는 강인하고 확고한 마음을 갖기를 원한다. 이런 바람이 강한 멘탈의 필요성을 대변한다.

앞서 불안, 두려움, 자신감, 욕구 등의 발생과 대처 방법에 대해 배웠다. 대처 방법을 효율적으로 사용하기 위해서는 자신이 지금 어떤 상태이고 어떤 감정을 느끼고 무엇으로 인해 감정이 유발되는지 정확히 알아차리는 것부터가 시작이다. 자신의 감정과 느낌, 정서를 알아차림하고 있는 그대로 받아들이는 수용이 되면 자신의 감정을 직시하게 되고 이해하며 보다 효율적 대처가 가능해진다. 자신의 감정을 알아차리기 위한 평상시 훈련으로 '감정 알아차림' 명상을 통해 자신의 감정에 대한 자각 민감성을 향상시켜야 한다. 현장에서 즉각적이고 세밀하게 자신의 감정(정서)을 직시하는 것만으로도 심리적 안정성을 유지하는데 많은 도움이 된다.

연습 Tip
1. 조용하고 편안한 장소를 선정한 뒤 가부좌를 틀거나(양반다리로 앉거나) 의자에 앉는다.
2. 상체(엉덩이부터 머리 정수리까지)를 꼿꼿하게 펴고 앉고 양손은 무릎 위에 가볍게 올려놓는다.
3. 명상에 들어가 전 자세를 바로 잡고 안정되지만 구부정한 자세는 잠이 오기 쉽다.
4. 눈을 감고 호흡에 집중하며 명상 준비를 끝났다. 명상을 시작해 보자.

감정 알아차림 명상

몸이 고요해지도록 편안하고 안정된 자세로 앉습니다. 눈을 부드럽게 감고, 허리를 바로 세우고, 편안하게 호흡합니다.

호흡이 가다듬고 편안함을 느끼면 최근 라운딩을 되돌아봅니다.

라운딩에 집중하며 자신의 감정, 느낌, 생각, 행동을 뒤돌아봅니다. 오늘 라운딩에서 기쁘고, 화나고, 슬프고, 즐거운 순간들이 있었습니다.

골프 선수에게 라운드는 과정이고 그 과정에서 발생되는 여러 감정과 느낌은 우리의 주체가 되어 자신의 행동과 스코어에 영향을 줍니다.

티잉 그라운드나 세컨샷, 퍼팅에서 두려움을 느꼈다면 그때를 떠올려 봅니다. 바람이 심하게 불거나, 거리가 많이 남거나, OB나 해저드가 보이거나, 애매한 거리의 퍼팅이 남았을 때 신체 변화를 느껴봅니다. 심장이 빨리 뛰었나요? 두려움에 행동이 빨라졌나요? 과정 속으로 들어가지 못하고 겉도는 것 같나요? 왠지 모를 가슴이 답답하고 조여드나요? 이 모든 것이 두려움에 마음과 몸이 반응하는 것입니다. 그때를 다시 집중해서 느껴봅니다. 이 두려움의 반응들을 알아 갈수록 다음 시합에서 같은 반응이 나타났을 때 우리는 더욱 정확히 두려움을 알아차릴 수 있습니다.

다음은 화에 대해 알아보겠습니다. 마음속으로나 행동으로 화를 냈던 상황을 떠올려 봅니다. 주로 어떤 행동을 하나요? 욕을 하나요? 채를 찍나요? 채를 놓치나요? 공격적인 행동을 하나요? 그때 자신의 행동에 대해 알아봅니다. 이 화는 나의 생각을 멈추게 하고, 생각의 폭을 좁게 하고 흥분하게 하여 스윙이 빠르고 급하게 만듭니다. 결코 도움이 되지 않는 감정입니다. 다시 한 번 자신이 화를 느끼는 상황에 집중합니다. 어떤 기대가 있었나요? 버디를 기대했나요? 입상을 꿈꿨나요? 부모님이나 주위 분들의 인정을 기대했나요?

이런 기대들은 우리를 틀 안에 가두는 것입니다. 이 틀에 들어가지 못했을 때 화가 자신을 짓누릅니다. 그래서 우리는 결과를 미리 그리는 것을 조심해야 합니다. 결과를 그리면 과정이 떠오르게 됩니다. 쉬운 홀, 짧은 홀, 이전에 버디를 했던 홀… 이런 것들이 계획이 되고 이 계획대로 이루어지지 않았을 때 화라는 감정이 우리를 휘감아버립니다.

인간은 완벽하지 않습니다. 누구나 실수를 합니다. 어떤 누구도 실수 없는 플레이는 불가능 합니다. 자신 역시 그렇습니다. 그 실수를 인정하고 수용하여 대처하는 자신을 그릴수록 우리는 보다 이성적이고 냉철한 플레이를 할 수 있습니다.

작은 일에 흥분하고 화를 내는 자신, 이전 기억 때문에 비슷한 상황에서 발생하는 두려움. 우리는 이런 감정을 정확하고 명확하게 느낄수록 대처할 수 있는 능력이 높아집니다. 또한 이런 과정은 앞으로 있을 시합에서 보다 정확한 감정을 알아차리게 해줍니다. 이런 과정을 통해 보다 성장하는 라운드를 만들 수 있습니다.

이 명상을 통해 보다 안정적이고 흔들리지 않는 선수로 거듭날 수 있습니다.

스코어가 어떠하든 우리는 성장하는 하루 하루를 만들어야 합니다. 이 성장의 하루는 자신만이 만들 수 있고 그 과정 중에 감정 알아차림은 중요한 부분이 될 것입니다.

1분 더 명상합니다.

감정 알아차림의 명상을 마무리 하겠습니다. 천천히 눈을 뜨십시오. 수고하셨습니다.

07. 점진적 근육 긴장-이완 기법

<u>신체 표지 이론의 기준을 제공하는 훈련</u>
<u>신체의 그립 압력, 근육, 관절, 힘줄 등을 세밀히 느끼는 작업</u>

  점진적 근육 긴장-이완 기법(이하 점진적 이완)은 신체의 긴장과 이완을 통해 의식적으로 근육 긴장을 알아차리고 통제하는 것이다. 앞서 배운 명상과 호흡법은 심리·생리적 이완 방법이라면 점진적 이완은 신체적 이완 방법으로 탁월한 수행과 밀접한 관련이 있다.[153] 예를 들면 경기력이 높은 아마추어와 프로 골프선수들은 신체적 이완된 느낌이 최고의 수행과 관련된 상태라고 했다.[154] 반대로 경기력이 떨어지는 선수는 신체적 불안의 수치가 높았다.[155] 이런 불안의 증상으로 근육은 긴장하고 운동 기술의 협응을 방해하여 경기력에 영향을 준다.[156]

---

[153] Garfield and Bennett (1984).
[154] Cohn (1991).
[155] Burton (1988).
[156] Weinberg and Hunt (1976).

불안이나 긴장은 골퍼 자신의 의지와 상관없이 무의식적으로 일어난다. 이를 알아차리고 자신이 원하는 수준의 긴장을 조성하기 위한 방법으로 점진적 이완을 사용한다.[157] 이 훈련을 통해 근육을 이완 시키는 방법과 주의를 집중할 수 있다.[158]

신체 각 분절(팔, 발, 발가락, 종아리, 허벅지, 어깨, 등, 복근, 가슴) 근육의 점진적 긴장과 이완을 통해 그 부위의 근육 긴장 민감성을 향상시킨다. 이는 좋은 스윙의 근육 강도와 비교해 신체 어느 부위에서 더 긴장하고 있는지 자각할 수 있다. 신체 긴장의 기준을 만드는 표상화 하는 훈련이다. 점진적 이완 훈련을 자주 할수록 리허설 스윙과 웨글, 반응하기 등에서 최상의 몸 상태를 알고 자신이 원하는 기술 동작에 대한 느낌에 명확해진다. 그래서 점진적 이완 훈련은 골프 기술 시 근육의 긴장 강도 기준과 지표를 민감하게 만들고 이를 찾아가는 과정을 지원한다.

> **연습 Tip**
> 1. 조용하고 바닥에 눕거나 의자에 앉을 수 있는 장소를 정한다.
> 2. 편안한 자세에서 양손과 양다리를 편안하게 둔다.
> 3. 조명은 약간 어둡게 하고 호흡을 정리한 후 지문에 맞춰 점진적 이완을 실시한다.
> 4. 이때 이완을 실시하는 근육에 집중하여 긴장도(%)를 느끼고 주의를 집중하려 노력한다.
> ※ 지문의 구령과 호흡이 맞지 않으면 자신의 원하는 호흡 형태와 시간을 설정하여 진행해도 무방하다.

---

[157] Jacobson (1930).
[158] Harris and Williams (1993).

점진적 근육 긴장-이완 기법

점진적 근육 긴장-이완 기법은 신체 각 부위에 긴장과 이완을 반복하며 긴장상태와 이완상태를 스스로 느끼는 것을 목적으로 합니다. 훈련이 지속되어 숙달도가 상향되면 자신이 펼치는 기술에 따라 신체 부위의 긴장도가 다름을 알 수 있습니다. 자신의 최상의 기술을 펼칠 때를 상상하며 훈련하는 것도 도움이 됩니다. 하지만 지금은 온전히 근육의 긴장과 이완에 집중하는 것이 도움이 됩니다. 자 편안하게 누워 양 발과 손은 15cm 정도 떨어뜨려 서로 움직임에 불편함이 없게 해줍니다. 그리고 호흡에 집중합니다.

팔 이완
호흡을 편안히 하며 호흡에 신경을 쓰지 않습니다. 양팔을 앞으로 들어 올려 두 주먹을 꽉 쥐며 천천히 힘을 주면서 근육에 집중합니다(0, 10, 20, 30, 40, 50, 60, 70, 80, 90, 100%). 긴장을 유지하며 양손과 손가락의 긴장을 느껴봅니다(1, 2, 3, 4초). 천천히 힘을 빼며 빠져나가는 것을 느껴봅니다(100, 90, 80, 70, 60, 50, 40, 30, 20, 10, 0%). 같은 방법으로 한 번 더 긴장과 이완을 반복합니다.

발, 발가락 이완
다음은 발가락입니다. 양 발가락을 오므리며 힘을 줍니다. 이때 발바닥과 발가락에 집중합니다(0~100% 구령). 긴장을 유지하며 발가락의 긴장상태를 느껴봅니다(4초 구령). 천천히 힘을 빼며 빠져나가는 것을 느껴봅니다(100~0% 구령). 같은 방법으로 한 번 더 긴장과 이완을 반복합니다.

종아리 이완
다음은 종아리입니다. 양 발가락을 몸 쪽으로 당기며 종아리가 긴장하는 것을 느껴봅니다(0~100% 구령). 긴장을 유지하며 종아리의 긴장상태를 느껴봅니다(4초 구령). 천천히 힘을 빼며 빠져나가는 것을 느껴봅니다(100~0% 구령). 같은 방법으로 한 번 더 긴장과 이완을 반복합니다.

허벅지 이완
다음은 허벅지입니다. 두 다리를 곧게 뻗고 바닥에서 15cm 정도 들어 올리며 양 허벅지에 힘을 주며 긴장의 정도를 느껴봅니다(0~100% 구령). 긴장을 유지하며 허벅지의 긴장상태를 느껴봅니다(4초 구령). 천천히 힘을 빼며 빠져나가는 것을 느껴봅니다(100~0% 구령). 같은 방법으로 한 번 더 긴장과 이완을 반복합니다.

어깨 이완
다음은 어깨입니다. 양 어깨를 천천히 추켜세우며 귀 쪽으로 당깁니다. 이때 어깨, 목의 긴장을 느껴봅니다(0~100% 구령). 긴장을 유지하며 어깨, 목의 긴장상태를 느껴봅니다(4초 구령). 천천히 힘을 빼며 빠져나가는 것을 느껴봅니다(100~0% 구령). 같은 방법으로 한 번 더 긴장과 이완을 반복합니다.

등 이완
다음은 등입니다. 등을 벽에 대어 민다는 느낌으로 긴장시키며 집중합니다(0~100% 구령). 긴장을 유지하며 등의 긴장상태를 느껴봅니다(4초 구령). 천천히 힘을 빼며 빠져나가는 것을 느껴봅니다(100~0% 구령). 같은 방법으로 한 번 더 긴장과 이완을 반복합니다.

복근 이완
복근입니다. 복근을 할 때는 호흡을 하지 않아도 괜찮습니다. 복근에 천천히 힘을 주며 복근에 힘이 들어가는 것을 느껴봅니다(0~100% 구령). 긴장을 유지하며 복근의 긴장상태를 느껴봅니다(4초 구령). 천천히 힘을 빼며 빠져나가는 것을 느껴봅니다(100~0% 구령). 같은 방법으로 한 번 더 긴장과 이완을 반복합니다.

가슴 이완
양 가슴입니다. 합장하듯 양 손바닥을 붙인 후 서로 세게 밀며 가슴의 긴장을 느껴봅니다(0~100% 구령). 긴장을 유지하며 가슴의 긴장상태를 느껴봅니다(4초 구령). 천천히 힘을 빼며 빠져나가는 것을 느껴봅니다(100~0% 구령). 같은 방법으로 한 번 더 긴장과 이완을 반복합니다.

천천히 호흡을 정리합니다. 수고하셨습니다.

08. 멘탈 라운딩(Mental Rounding)

<u>시합 전 코스를 라운드 하는 자신을 그려보자.
샷 하나하나 이미지와 감각을 동원해서 심상하면
현실로 이루어질 것이다.</u>

멘탈 라운딩은 인지적 시연(cognitive rehearsal)으로 외형적 신체 동작 없이 이뤄지는 심리적 라운딩이다. 이때 특정 코스나 홀, 클럽 샷의 이미지는 훈련 목적에 따라 달라진다. 자신이 플레이하는 인지적 과정과 샷 하는 모습을 내적 심상으로 그리는 것이다. 시합할 코스에서 라운드하는 자신을 떠올리거나 어려운 홀이나 클럽으로 성공적 플레이하는 자신을 떠올리는 것 모두 멘탈 라운딩에 해당된다.

이런 멘탈 라운딩 같은 인지적 훈련은 운동 수행력을 향상시키지만 특히 고도로 기술화 된 동작에 더욱 효과적이다.[159] 어렵게 느끼는 라이나 기술적인 스윙이라면 멘탈 라운딩을 통해 친밀감을 향상시켜 심리적 안정감과 자신감을 얻어 경기력을 높여줄 것이다.

---

[159] Suinn (1976, 1980).

연습 Tip
1. 조용한 장소를 찾아 기본 명상 제사를 취하고 호흡을 정리한다.
2. 눈을 감고 자신이 원하는 멘탈 라운딩을 설정하여 진행한다.
3. 샷에 들어갔을 때는 실재 걸리는 시간과 동일하게 이미지를 상상한다.
4. 다양한 감각을 그리고 좋은 이미지를 그린다. 잘 되지 않으면 '긍정 회상 카드'의 내용을 기초로 그려도 무방하다.
5. 좋은 샷이 나오면 긍정적인 감정을 느끼고 미소를 짓는 것도 도움이 된다.

멘탈 라운딩 훈련(클럽별)

편안하고 바른 자세로 앉습니다. 그리고 정수리와 허리, 힙을 바로 새워 상체를 꼿꼿한 자세를 만듭니다. 그리곤 호흡에 집중하여 편안하고 자연스러운 호흡으로 만듭니다.

호흡이 가다듬고 편안함을 느끼면 제 음성에 집중하여 들으시고 난 후에 심상을 실행해 봅니다.

앞으로 자신이 플레이 할 라운드를 떠올려 봅니다. 경기 속에서 드라이버, 아이언, 어프로치, 퍼터 등을 실재 플레이 하는 속도에 맞춰 심상을 떠올립니다.

먼저 드라이버입니다. 티잉 그라운드에 올라서면 어렵거나 꺼림직한 홀이 있습니다. 그런 홀은 모든 선수에게 존재합니다. 이런 불편함은 당연한 현상입니다. 이런 현상을 받아들이고 차분히 플레이하는 자신을 그려봅니다. 티잉 그라운드에 티를 꽂고 자신의 루틴대로 플레이하는 자신을 그려봅니다. 그리고 아주 편안하고 자신감 있게 플레이하는 자신을 그려봅니다. 시합에서도 이런 자신감으로 플레이할 자신을 그려봅니다.

한 번 더 그려보며 매끄러운 과정과 자신감을 느껴봅니다.

다음은 아이언입니다. 아이언도 2번의 샷을 그려보겠습니다. 첫 번째는 어렵게 느껴지는 클럽의 샷을 그리고, 두 번째는 어려워하는 홀에서의 세컨샷을 그려봅니다.
우선 첫 번째로는 어려워하는 클럽입니다. 그 클럽으로 이전에 성공한 이미지를 떠올려봅니다. 그때의 느낌과 감정, 상황을 떠올리며 자연스럽고 자신감 있게 플레이 하는 자신을 그려봅니다.

다음은 어려운 상황에서 플레이입니다. 거리나 환경, 장애물 때문에 어려운 상황이 있습니다. 그런 비슷한 상황에서 이전에 성공한 샷을 떠올리며 그때의 느낌, 감정, 기술을 떠올립니다. 우리는 다양한 감각을 이용해 떠올릴수록 이 다음 비슷한 상황에서도 자신감 있게 플레이할 수 있습니다. 자 그때를 떠올리며 느껴봅니다.

한 번 더 그려보며 매끄러운 과정과 자신감을 느껴봅니다.

다음은 어프로치입니다. 어프로치 역시 2가지 상황을 그려봅니다. 첫 번째는 자주 남는 거리의 어프로치이고 두 번째는 잘되지 않는 거리의 어프로치입니다.

우선 자주 남는 거리의 어프로치입니다. 타겟을 바라보며 연습 스윙을 합니다. 클럽 스피드가 확신이 들 때까지 연습스윙을 합니다. 그리곤 거리 확신이 들면 볼에게 들어갑니다. 반응하기를 통해 방향을 잡고 신체 이완을 합니다. '타겟팅, 반응하기', '타겟팅, 반응하기' 이 과정을 통해 방향과 이완도 얻었습니다. 마지막으로 타겟을 바라보고 이미지를 기억한 후 샷을 하는 자신을 그려봅니다.

두 번째 잘되지 않는 거리의 어프로치입니다. 이것 역시 방법은 동일합니다. 거리 확신을 얻고 방향 확신으로 들어가 자신감 있게 어프로치 하는 자신을 그려봅니다.

한 번 더 두 가지 어프로치를 그려보며 매끄러운 과정과 자신감을 갖습니다.

마지막으로 퍼터입니다. 퍼터는 두 가지만 신경 쓰면 됩니다. 거리감과 방향입니다.
거리감은 볼 뒤나 옆에서 홀 컵을 보며 연습 스트로크를 하며 확신을 갖습니다. 거리 확신이 왔다며 볼에 들어가 느낌이 주는 방향감각으로 만듭니다. '타겟팅, 반응하기', '타겟팅, 반응하기' 이 과정을 통해 거리와 방향에 대한 확신이 생겼습니다. 마지막으로 타겟을 바라보고 기억한 후 스트로크를 합니다. 스트로크를 하는 자신은 자신감에 차 있습니다.

한 번 더 그려보며 매끄러운 과정과 자신감을 갖습니다.

이 과정을 통해 앞으로 자신의 라운드는 더욱 자연스럽고 매끄러우며 확신으로 들어가는 자신을 그려볼 수 있습니다.

1분 동안 각 샷들을 한번 씩 더 그려봅니다.

자 자신감에 찬 자신을 충분히 느껴보며 심상 훈련을 마무리 짓습니다.
수고하셨습니다.

참고문헌

강방수, 김태연 (2018). 골프학습. 서울: 북랩.
권석만. (2008). 긍정심리학-행복의 과학적 탐구. 서울: 학지사.
곽호완 외. (2003). 실험심리학용어사전. 서울: 시그마프레스.
김기웅, 이효경. (1999). 자극의 시간적, 공간적 불확실성이 자극탐지 시간에 미치는 영향. 한국체육학회지, 38(4), 187-194.
김병준. (2003). 골프 심리기술훈련 효과에 관한 단일사례연구. 한국스포츠심리학회, 14(2), 213-233.
김병현, 김진호, 황중민. (2000). 사격 시합 수행 전 루틴의 효과. 한국체육학회지, 39(1), 265-274.
김병현, 장국진, 육동원. (2007). 펜싱국가대표선수의 일시적 스트레스 극복전략 개발 및 적용 효과. 체육과학연구, 18(3), 84-99.
김선진. (2009). 운동학습과 제어: 인간 움직임의 원리와 응용. 서울: 대한미디어.
김정호. (1994). 인지과학과 명상. 인지과학, 4(5), 53-84.
김정호. (2011). 마음챙김 명상 멘토링. 서울: 불광출판사.
김정호. (2018). 명상과 마음챙김의 이해. 한국명상학회지, 8, 1-22.
안토니오 다마지오. (1999). 김린 옮김. 데카르트의 오류. 서울: 중앙문화사.
양돈규. (2013). 심리학사전. 서울: 박학사.
유충경, 박범영, 최영철. (2014). 호흡패턴 훈련이 골프 선수의 불안과 수행력에 미치는 영향. 한국체육과학회지, 23(6), 545-555.
유충경. (2016). 강한 멘탈 흔들리지 않는 골프. 서울: 필미디어.
이재훈. (2002). 정신분석용어사전. 서울: 한국심리치료연구소.
이철수. (2009). 사회복지학사전. 서울: Blue Fish.
정청희. (2001). 운동수행 향상을 위한 심리기술훈련. 서울: 무지개사.
정청희, 이용현, 이홍식, 정용철. (2009). 스포츠심리학의 이해와 적용. 서울: 메디컬코리아.
제이. (2014). 대화에 최면을 걸다. 서울: 라온북.
최주연. (2016). 불안해도 괜찮아. 서울: 소울메이트.
한국교육심리학회. (2000). 교육심리학용어사전. 서울: 학지사.
Adams, D. B. (1979). Brain Mechanisms for offense, Defense, and Submission. *Behavioral and Brain Sciences, 2*, 201-242.
Adolphs, R., N. L. Denburg, and D. Tranel. (2001). The amygdala's role in long-term declarative memory for gist and detail. *Behavioral Neuroscience, 115*, 983-992.
Allen, J. G. (2005). *Coping with Trauma: Hope Through Understanding.* Arlington, VA: American Psychiatric Publishing.
Arthur, B. J., and D. Emily. (2007). *Stop Being Your Symptoms And Start Being Yourself.* HarperCollins.

Azari, N. P., and R. J. Seitz. (2000). Brain Plasticity and Recovery from Stroke. *American Scientist, 88*, 426-431.

Balleine, B. W., and A. Dickinson. (1998). Goal-Directed Instrumental Action: Contingency and Incentive Learning and Their Cortical Substrates. *Neuropharmacology, 37*, 407-419.

Bandura, A. (1977). Self-efficacy: Toward a unifying theory of behavioral change. *Psychological Review, 84*, 191-215.

Bandura, A. (1997). *Self-Efficacy. The exercise of control.* New York: Freeman.

Barlow, D. H. (1990). Long-Term Outcome for Patients with Panic Disorder Treated with Cognitive-Behavioral Therapy. *The Journal of Clinical Psychiatry, 51*, 17-23.

Barlow, D. H. (2002). *Anxiety and Its Disorders: The Nature and Treatment of Anxiety and Panic.* New York: Guilford Press.

Bear, M. F., B. W. Connors, and M. A. Paradiso. (2007). *Neuroscience : exploring the brain.* Philadelphia, PA: Lippincott Williams & Wilkins.

Bebko, G. M., S. L. Franconeri, K. N. Ochsner, and J. Y. Chiao. (2014). Attentional Deployment Is Not Necessary for Successful Emotion Regulation via Cognitive Reappraisal and Expressive Suppression. *Emotion, 14*, 504-512.

Beck, A. T. (1991). Cognitive Therapy. A 30-Year Retrospective. *The American Psychologist, 46*, 368-375.

Bernard, C. (1865/1957). *An Introduction to the Study of Experimental Medicine.* New York: Dover Press.

Blanchard, D. C., and R. J. Blanchard. (1988). Ethoexperimental Approaches to the Biology of Emotion. *Annual Review of Psychology, 39*, 43-68.

Blanchard, R. J., and D. C. Blanchard. (1969). Crouching as an Index of Fear. *Journal of Comparative and Physiological Psychology, 67*, 370-375.

Blanchard, R. J., K. K. Fukunaga, and D. C. Blanchard. (1976). Environmental Control of Defensive Reactions to Footshock. *Bulletin of the Psychonomic Society, 8*, 129-130.

Blechert, J., G. Sheppes, C. Di Tella, H. Williams, and J. J. Gross. (2012). See What You Think: Reappraisal Modulates Behavioral and Neural Responses to Social Stimuli. *Psychological Science, 23*, 346-356.

Bliss, T. V., and G. L. Collingridge. (1993). A Synaptic Model of Memory: Long-Term Potentiation in the Hippocampus. *Nature, 361*, 31-39.

Bolin, R. (1993). *Natural and Technological Disasters: Evidence of Psychopathology.* In: Environment and Psychopathology. New York: Springer.

Bolles, R. C. (1970). Species-Specific Defense Reactions and Avoidance Learning. *Psychological Review, 77*, 32-48.

Bolles, R. C., and M. S. Fanselow. (1980). A Perceptual-Defensive-Recuperative Model of Fear and Pain. *Behavioral and Brain Sciences, 3*, 291-323.

Bornemann, B., P. Winkielmen, and E. van der Meer. (2012). Can You Feel What You Do Not See? Using Internal Feedback to Detect Briefly Presented Emotional Stimuli. *International Journal of Psychophysiology: Official Journal of the International Organization of Psychophysiology, 85*, 116-124.

Bouton, M. E. (1993). Context, Time, and Memory Retrieval in the Interference Paradigms of Pavlovian Learning. *Psychological Bulletin, 114*, 80-99.

Bouton, M. E. (2004). Context and Behavioral Processes in Extinction. *Learning & Memory, 11*, 485-494.

Bouton, M. E. (2002). Context, Ambiguity, and Unlearning: Sources of Relapse after Behavioral Extinction. *Biological Psychiatry, 52*, 976-986.

Bouton, M. E., and R. C. Bolles. (1979). Contextual Control of Extinction of Conditioned Fear. *Journal of Experimental Psychology: Animal Behavior Processes, 10*, 445-466.

Bouton, M. E., R. E. Westbrook, K. A. Corcoran, and S. Maren. (2006). Contextual and Temporal Modulation of Extinction: Behavioral and Biological Mechanisms. *Biological Psychiatry, 60*, 352-360.

Bradley, M. M., M. K. Greenwald, M. C. Petry, and P. J. Lang. (1992). Remembering pictures: Pleasure and arousal in memory. *Journal of Experimental Psychology: Learning, Memory, and Cognition, 18*, 379-390.

Brain, P. F., et al, eds. (1990). *Fear and Defense*. London: Harwood Academic Publishers.

Buckner, R. L., P. A. Bandettini, K. M. O'Craven, R. L. Savoy, S. E. Petersen, M. E. Raichle, and B. R. Rosen. (1996). Detection of cortical activation during averaged single trials of a cognitive task using functional magnetic resonance imaging. *Proc Natl Acad Sci U S A 93*, 14878-14883.

Buckner, R. L., A. Z. Snyder, M. E. Raichle, and J. C. Morris. (2000). Functional brain imaging of young, nondemented, and demented older adults. *Journal of Cognitive Neuroscience, 12*, 24-34.

Burton, D. (1988). Do anxious swimmers swim slower?: Reexamining the elusive anxiety-performance relationship. *Journal of Sport & Exercise Psychology, 10*, 45-61.

Cain, C. K., J. S. Choi, and J. E. LeDoux. (2010). *Active Avoidance and Escape Learning*. In: Encyclopedia of Behavioral Neuroscience, eds. G. Koob., et al. New York: Elsevier.

Cain, C. K., and J. E. LeDoux. (2007). Escape from Fear: A Detailed Behavioral Analysis of Two Atypical Responses Reinforced by CS Termination. *Journal of Experimental Psychology: Animal Behavior Processes, 33*, 451-463.

Cain, C. K., and J. E. LeDoux. (2008). *Brain Mechanisms of Pavlovian and Instrumental Aversive Conditioning*. In: Handbook of Anxiety and Fear, eds. R. J. Blanchard, et al. Jordan Hill: Academic Press.

Cannon, W. B. (1927). *Bodily Changes in Pain, Hunger, Fear and Rage: An Account of Recent Researches into the Function of Emotional Excitement*. New York and London: Appleton.

Cardinal, R. N., J. A. Parkinson, J. Hall, and B. J. Everitt. (2002). Emotion and Motivation: The Role of the Amygdala, Ventral Striatum, and Prefrontal Cortex. *Neuroscience and Biobehavioral Reviews, 26*, 321-352.

Cherry, E. C. (1953). Some experiments on the recognition of speech, with one and two ears. *Journal of Acoustical Society of America, 25*, 975-979.

Choi, J. S., C. K. Cain, and J. E. LeDoux. (2010). The Role of Amygdala Nuclei in the Expression of Auditory Signaled Two-Way Active Avoidance in Rats. *Learning & Memory, 17*, 139-147.

Cohn, P. J., R. J. Rotella, and J. W. Lloyd. (1990). Effects of a Cognitive-Behavioral Intervention on the Pre-shot Routine and Performance in Golf. *The Sport Psychologist, 4*, 33-47.

Craig, A. D. (2002). How Do You Feel? Interoception: The Sense of the Physiological Condition of the Body. *Nature Reviews Neuroscience, 3*, 655-66.

Craig, A. D. (2003). Interoception: The Sense of the Physiological Condition of the Body. *Current Opinion in Neurobiology, 13*, 500-505.

Craig, A. D. (2009). How Do You Feel-Now? The Anterior Insula and Human Awareness. *Nature Reviews Neuroscience, 10*, 59-70.

Cohn, P. J. (1991). An exploratory study on peak performance in golf. *The Sport Psychologist, 5*, 1-14.

Csikszentmihalyi, M., and J. Nakamura. (1989). The dynamics of intrinsic motivation: A study of adolescents. In R. Ames & C. Ames (Eds.). *Research on motivation in education, 3*, 45-71.

Csikszentmihalyi, M. (1990). *Flow: the psychology of optimal experience*.[최인수 옮김 (2010). 몰입. 서울: 한울림.]

Damasio, A., and G. B. Carvalho. (2013). *The Nature of Feelings*: Evolutionary and Neurobiological Origins. *Nature Reviews Neuroscience, 14*, 143 - 52.

Damasio, A. R. (1996). The Somatic Marker Hypothesis and Possible Functions of the Prefrontal Cortex. Philosophical Transaction of the Royal Society B: *Biological Sciences, 351*, 1413-20.

Damasio, A. R. (1999). *The Feeling of What Happens: Body and Emotion in the Marking of Consciousness*. New York: Harcourt Brace.

Damasio, A. R., T. J. Grabowski, A. Bechara, H. Damasio, L. L. Ponto, J. Parvizi, and R. D. Hichwa. (2000) Subcortical and Cortical Brain Activity during the Feeling of Self-Generated Emotions. *Nature Neuroscience, 3(10)*, 1049-1056.

Darwin, C. (1872). *The Expression of the Emotions in Man and Animals.* London: Fontana Press.

Davanger, S., et al. (2010). Meditation-Specific Prefrontal Cortical Activation during Acem Meditation: An fMRI Study. *Perceptual and Motor Skills, 111*, 291-306.

Davidson, R. J., and A. Lutz. (2008). Buddah's Brain: Neuroplasticity and Meditation. *IEEE Signal Processing Magazine, 25*, 176-174.

De Quervain, D. J., A. Aerni, G. Schelling, and B. Roozendaal. (2009). Glucocorticoids and the Regulation of Memory in Health and Disease. *Frontiers in Neuroendocrinology, 30*, 358-370.

Dickenson, J., et al. (2013). Neural Correlates of Focused Attention during a Brief Mindfulness Induction. *Social Cognitive and Affective Neuroscience, 8*, 40-47.

Donders, F. C. (1969). On the speed of mental processes. *Acta Psychologica, 30*, 412-431.

Duckworth, A. L. (2016). *GRIT*.[김미정 옮김 (2016). 그릿. 서울: 비즈니스북스.]

Easterbrook, J. A. (1959). The effect of emotion on cue utilization and the organization of behavior. *Psychological Review, 66(3)*, 183-201.

Edmunds, M. (1974). *Defence in Animals: A Survey of Anti-Predator Defences.* New York: Longman.

Ekman, P. (1972). *Universals and cultural differences in facial expressions of emotion.* In: Nebraska Symposium on Motivation, ed. J. Cole. Lincoln: University of Nebraska Press.

Epstenin, S. (1972). *The Nature of Anxiety with Emphasis upon Its Relationship to Expectancy.* In: Anxiety: Current Trends in Theory and Research, ed. C. D. Spielberger. New York: Academic Press.

Eysenck, H. J. (1987). *Behavior Therapy.* In: Theoretical Foundations of Behobior Therapy, eds. H. J. Eysenck, and I. Martin. New York: Plenum.

Eysenck, H. J. (1995). *Anxiety and the Natural History of Neurosis.* In: Stress and Anxiety, eds. C. D. Spielberger, and I. G. Sarason. New York: Wiley.

Ewell, P. T. (1997). *Organizing for learning: A point of entry.* Discussion proceedings at the 1997 AAHE Summer Academy Snowbird, Utah, July. National Center for Higher Education Management Systems (NCHEMS).

Fanselow, M. S. (1986). Associative vs. Topographical Accounts of the Immediate Shock-Freezing Deficits in Rate: Implications for the Response Selection Rules Governing Species-Specific Defensive Reactions. *Learning and Motivation, 17*, 16-

39.

Fanselow, M. S. (1989). *The Adaptive Function of Conditioned Defensive Behavior: An Ecological Approach to Pavlovian Stimulus-Substitution Theory*. In: Ethoexperimental Approaches th the Study of Behavior, eds. R. J. Blanchard, et al. Dordrecht, the Netherlands: Kluwer.

Fanselow, M. S., and L. S. Lester. (1988). *A Functional Behavioristic Approach to Aversively Motivated Behavior: Predatory Imminence as a Determinant of the Topography of Defensive Behavior*. In: Evolution and Learning, eds. R. C. Bolles, and M. D. Beecher, M. D. New Jersey: Erlbaum.

Feltz, D. L. (1988). Self-confidence and sports performance. *Exercise and sport sciences review 16*, 423-457.

Foa, E. B. (2013). Prolonged Exposure Therapy: Past, Present, and Future. *Depression and Anxiety, 28*, 1043-1047.

Fox, K. C., et al. (2014). Is Meditation Associated with Altered Brain Structure: A Systematic Review and Meta-Analysis of Morphometric Neuroimaging in Meditation Practitioners. *Neuroscience and Biobehavioral Rewiews, 43*, 48-73.

Freud, S. (1917). *Introductory Lectures on Psychoanalysis*. Wien: H. Heller.

Frith, C. D., K. Friston, P. F. Liddle, and R. S. Frackowiak. (1991). Willed action and the prefrontal cortex in man: A study with PET. *Proceedings in Biological Science, 244(1311)*, 241-246.

Garfield, C. A., and M. Z. Bennett. (1984). *Peak performance: Mental training techniques of the world's greatest athletes*. Los Angeles: Tarcher.

Goldberg, J., W. R. True, S. A. Eisen, and W. G. Henderson. (1990). A Twin Study of the Effects of the Vietnam War on Posttraumatic Stress Disorder. *Journal of the American Medical Association, 263*, 1227-1232.

Gould, D., and M. R. Weiss. (1981). The effects of model similarity and model talk on self-efficacy and muscular endurance. *Journal of Sport Psychology, 3*, 17-29.

Gray, J. A. (1987). *The Psychology of Fear and Stress*. New York: Cambridge University Press.

Gruber, J., A. C. Hay, and J. J. Gross. (2014). Rethinking Emotion: Cognitive Reappraisal Is an Effective Positive and Negative Emotion Regulation Strategy in Bipolar Disorder. *Emotion, 14*, 388-396.

Grupe, D. W., and J. B. Nitschke. (2013). Uncertainty and Anticipation in Anxiety: An Integrated Neurobiological and Psychological Perspective. *Nature Reviews Neuroscience, 14*, 488-501.

Guz, A. (1997). Brain, Breathing and Breathlessness. *Respiration Psychology, 109*, 197-204.

Hamann, S. (2001). Cognitive and neural mechanisms of emotional memory. *Trends in cognitive sciences, 5(9)*, 394-400.

Haouzi, P., B. Chenuel, and G. Barroch. (2006). Interactions Between Volitional and Automatic Breathing during Respiratory Apraxia. *Respiratory Physiology & Neurobiology, 152*, 169-175.

Harris, D. V., and J. M. Williams. (1993). *Relaxation and energizing techniques for regulation of arousal.* In: Applied sport psychology: Personal growth to peak performance, ed. J. M. Williams. CA: Mayfield.

Hinshaw, K. (1991). The Effects of Mental Practice on Motor Skill Performance: Critical Evaluation and Meta-Analysis. Imagination, *Cognition and Personality, 11*, 3-35.

Hebb, D. O. (1949). *The Organization of Behavior.* New York: John Wiley and Sons.

Hofmann, S. G., G. J. Asmundson, and A. T. Beck. (2013). The Science of Cognitive Therapy. *Behavior Therapy, 44*, 199-212.

Ingvar, D. H. (1994). The will of the brain: Cerebral correlates of willful acts. *Journal of Theoretical Biology, 171*, 7-12.

Keltner, D., and J. J. Gross. (1999). Functional accounts of emotions. *Cognition and Emotion, 13*, 467-480.

Lang, P. (1979). A Bio-Informational Theory of Emotional Imagery. *Psychophysiology, 16*, 495-512.

Lang, P. J. (1968). *Fear Reduction and Fear Behavior: Problems in Treating a Construct.* In: Research in Psychotherapy, ed. Schlien, J. M. Washington, D. C.: American Psychological Association.

Lang, P. J. (1978). *Anxiety: Toward a Psychophysiological Definition.* In: Psychiatric Diagnosis: Exploration of Biological Criteria, eds. H. S. Akiskal, and W. L. Webb. New York: Spectrum.

Langley, J. N. (1903). The Autonomic Nervous System. *Brain, 26*, 1-26.

Lazarus, R. S. (1991). *Emotion and adaptation.* New York: Oxford University Press.

Lazarus, R. S. (2001). *Relational meaning and discrete emotions.* In: Appraisal processes in emotion, eds. K. R. Scherer, A. Schorr., and T. Johnstone. New York: Oxford University Press.

LeDoux, J. E. (1984). *Cognition and Emotion: Processing Functions and Brain Systems.* In: Handbook of Cognitive Neuroscience, ed. M. S. Gazzaniga. New York: Plenum Publishing Corp.

LeDoux, J. E. (1998). *The Emotional Brain.* [최준식 옮김 (2006). 느끼는 뇌. 서울: 학지사.]

LeDoux, J. E., D. Schiller, and C. Cain. (2009). *Emotional Reation and Action: From Threat Processing to Goal-Directed Behavior.* In: The Cognitive Neurosciences, ed. M. S. Gazzaniga. Massachusetts: MIT Press.

Levenson, R. W. (1999). The intrapersonal functions of emotion. *Cognition and Emotion, 13*, 481-504.

Liddell, B. J., et al. (2005). A Direct Brainstem-Amygdala-Cortical 'Alarm' System for Subliminal Signals of Fear. *NeuroImage, 24*, 235-243.

Locke, E. A. (1968). Toward a theory of task motivation and incentives. *Organization Behavior and Human Performance, 3*, 157-189.

Locke, E. A., K. N. Shaw, L. M. Sarri, and G. P. Latham. (1981). Goal setting and task performance. *Psychological Bulletin, 90*, 125-152.

Locke, E. A., G. P. Latham, and M. Erez. (1988). The determinants of goal commitment. *Academy of Management Review, 12*, 23-29.

Lotze, M., G. Scheler, H. R. Tan, C. Braun, and H. Birbaumer. (2003). The musician's brain: functional imaging of amateurs and professionals during performance and imagery. *NeuroImage, 20(3)*, 1817-1829.

Luo, Q., et al. (2010). Emotional Automaticity Is a Matter of Timing. *Journal of Neuroscience, 30*, 5825-5829.

Lutz, A., J. P. Dunne, and R. J. Davidson. (2007). *Meditation and the Neuroscience of Consciousness: An Introduction*. In: The Cambridge Handbook of Consciousness, eds. P. D. Zelazo, et al. (Cambridge: Cambridge University Press, 2007).

MacKay, D. G., and M. V. Ahmetzanov. (2005). Emotion, memory, and attention in the taboo Stroop phenomenon. *Psychological Science, 16*, 25-32.

Magee, J. C., and D. Johnston. (1997). A Synaptically Controlled, Associative Signal for Hebbian Plasticity in Hippocampal Neurons. *Science, 275*, 209-213.

Mahoney, M. J., and M. Avener. (1977). Psychology of the Elite Athlete: Exploratory Study. *Cognitive Therapy and Research, 1*, 135-141.

Maier, S. F., and M. E. P. Seligman. (1976). Learned helplessness: Theory and evidence. *Journal of Experimental Psychology: General, 105*, 3-46.

Manna, A., et al. (2010). Neural Correlates of Focused Attention and Cognitive Monitoring in Meditation. *Brain Research Bulletin, 82*, 46-56.

March. J. S. (1993). *What Constitutes a Stressor? The 'Criterion A' Issue*. In: Posttraumatic Stress Disorder: DSM-IV and Beyond. ed. J. R. T. Davidson, and E. B. Foa. Washington, D. C.: American Psychiatric Press.

Marks, I., and A. Tobena. (1990). Learning and Unlearning Fear: A Clinical and Evolutionary Perspective. *Neuroscience and Biobehavioral Review, 14*, 365-384.

Martens, R., R. S. Vealey, and D. Burton. (1990). *Competitive anxiety in sport*. Champaign: Human Kinetics.

Martin, S. J., P. D. Grimwood, and R. G. M. Morris. (2000). Synaptic Plasticity and Memory: An Evaluation of the Hypothesis. *Annual Review of Neuroscience, 23*,

649-711.

McAllister, W. R., and D. E. McAllister. (1971). *Behavioral Measurement of Conditioned Fear*. In: Aversive Conditioning and Learning, ed. F. R. Brush. New York: Academic Press.

McEwen, B. S., and E. N. Lasley. (2002). *The End of Stress as We Know It*. Washington, D. C. : Joseph Henry Press.

McGaugh, J. L. (2000). Memory-A Century of Consolidation. *Science, 287*, 248-251.

McGaugh, J. L. (2003). *Memory and Emotion: The Making of Lasting Memories*. London: The Orion Publishing Group.

Milad, M. R., and G. J. Quirk. (2012). Fear Extinction as a Model for Translational Neuroscience: Ten Years of Progress. *Annual Review of Psychology, 63*, 129-151.

Miller, N. E. (1948). Studies of Rear as an Acquirable Drive: I. Fear as Motivation and Fear Reduction as Reinforcement in the Learning of New Responses. *Journal of Experimental Psychology, 38*, 89-101.

Mineka, S. (1979). The Role of Fear in Theories of Avoidance Learning, Flooding, and Extinction. *Psychological Bulletin, 86*, 985-1010.

Mineka, S., and A. Öhman. (2002). Phobias and Preparedness: The Selective, Automatic, and Encapsulated Nature of Fear. *Biological Psychiatry, 52*, 927-937.

Mitchell, R. A., and A. J. Berger. (1975). Neural Regulation of Respiration. *The American Review of Respiratory Disease, 111*, 206-224.

Moscarello, J. M., and J. E. LeDoux. (2013). Active Avoidance Learning Requires Prefrontal Suppression of Amygdala-Mediated Defensive Reactions. *Journal of Neuroscience, 33*, 3815-3823.

Myers, K. M., and M. Davis. (2002). Behavioral and Neural Analysis of Extinction. *Neuron, 36*, 567-584.

Newberg, A., M. Pourdehnad, A. Alavi, and E. G. d´Aquili. (2003). Cerebral blood flow during meditative prayer: Preliminary findings and methodological issues. *Perceptual and Motor Skills, 97(2)*, 625-630.

Nideffer, R. M., and M. Sagal. (2001). *Assessment in sport psychology*: Morgantown. WV: Fitness Information Technology.

Niven, D. (2006). *건강 콘서트*. 서울: 도서출판 황매.

Jacobson, E. (1930). *Progressive relaxation*. Chicago: University of Chicago press.

Jang, J. H., et al. (2011). Increased Default Mode Network Connectivity Associated with Meditation. *Neuroscience Letters, 487*, 358-362.

James, W. (1890). *The principles of psychology*. New York: Holt.

Johansen, J. P., et al. (2010). Optical Activation of Lateral Amygdala Pyramidal Cells Instructs Associative Fear Learning. *Proceedings of the National Academy of*

Sciences of the United States of America, 107, 12692-12697.
Jones, G., and A. Swain. (1995). Predisposition to experience debilitative and facilitative anxiety in elite and nonelite performance. *Sport Psychologist, 9*, 201-211.
Kagan, J. (1994). *Galen's Prophecy: Temperament in Human Nature*. New York: Basic Books.
Kalat, J. M., and N. S. Michelle. (2006). *Emotion*. Belmont: Wadsworth, Cengage Learning.
Kazdin, A. E., and G. T. Wilson. (1978). *Evaluation of Behavior Therapy: Issues, Evidence and Research Strategies*. Cambridge, MA: Ballinger.
Keele, S. W. (1973). *Attention and human performance*. Pacific Palisades, CA: Goodyear.
Kelso, S. R., A. H. Ganong, and T. H. Brown. (1986). Hebbian Synapses in Hippocampus. *Proceedings of the National Academy of Science USA, 83*, 5326-5330.
Kierkegaard S. (1980). *The Concept of Anxiety*. a Simple Psychologically Orienting Deliberation on the Dogmatic Issue of Hereditary Sin. Princeton, NJ: Princeton University Press.
Kilpatrick, D. G., and H. S. Resnick. (1993). *Posttraumatic Stress Disorder Associated With Exposure to Criminal Victimization in Clinical and Community Populations*. In: Posttraumatic Stress Disorder: DSM-IV and Beyond, eds. J. R. T. Davidson, and E. B. Foa. Washington, D.C.: American Psychiatric Press.
Knight, D. C., H. T. Nguyen, and P. A. Bandettini. (2005). The Role of the Human Amygdala in the Production of Conditioned Fear Responses. *NeuroImage, 26*, 1193-1200.
Ochsner, K. N., et al. (2002). Rethinking Feelings: An fMRI Study of the Cognitive Regulation of Emotion. *Journal of Cognitive Neuroscience, 14*, 1215-1229.
Öhman, A., A. Eriksson, and C. Olofsson. (1975). One-trial learning and superior resistance to extinction of autonomic responses conditioned to potentially phobic objects. *Journal of Comparative and Psychological Psychology, 88*, 619-627.
Olsson, A., and E. A. Phelps. (2004). Learned Fear of 'Unseen' Faces after Pavlovian, Observational, and Instructed Fear. *Psychological Science, 15*, 822-828.
Pardo, J. V., P. T. Fox, and M. E. Raichle. (1991). Localization of a human system for sustained attention by positron emission tomography. *Nature, 349*, 61-64.
Paul, E., and K. Don. (2008). *Educational Psychology: Windows on Classrooms*. [신종호 옮김 (2015). 교육심리학. 서울: 학지사.]
Pavlov, I. P. (1927). *Conditioned Reflexes*. New York: Dover.
Peterson, C., S. F. Maier, and M. E. P. Seligman. (1993). *Learned helplessness: A theory for the age of personal control*. New York: Oxford Press.
Philippot, P., G. Chapelle, and S. Blairy. (2002). Respiratory feedback in the generation of

emotion. *Cognition and Emotion, 16(5)*, 605-627.
Plutchik, R. (1982). A psychoevolutionary theory of emotions. *Social Science Information, 21*, 529-553.
Porges, S. W. (2001). The Polyvagal Theory: Phylogenetic Substrates of a Social Nervous System. *International Journal of Psychophysiology, Official Journal of the International Organization of Psychophysiology, 42*, 123-146.
Posner, M. I., and S. E. Petersen. (1990). The attention system of the human brain. *Annual Review of Neuroscience, 13*, 25-42.
Pourtois, G., A. Schettino, and P. Vuilleumier. (2013). Brain Mechanisms for Emotional Influences on Perception and Attention: What Is Magic and What Is Not. *Biological Psychology, 92*, 492-512.
Rachman, S. (1967). Systematic Desensitization. *Psychological Bulletin, 67*, 93-103.
Rainer, G., W. F. Asaad, and E. K. Miller. (1998). Memory field of neurons in the primate prefrontal cortex. *Proc. Natl. Acad. Sci. USA, 95*, 15008-15013.
Ratey, J. (2001). *A user's guide to the brain*. New York: Pantheon Books.
Ratner, S. C. (1967). *Comparative Aspects of Hypnosis*. In: Handbook of Clinical and Experimental Hypnosis, ed. J. E. Gordon. New York: Macmillan.
Ratne, S. C. (1975). *Animal's Defenses: Fighting in Predator-Prey Relations*. In: Nonverbal Communication of Aggression, eds. P. Pliner, et al. New York: Plenum.
Reisel, W. D., and R. E. Kopelman. (1995). The effects of failure on subsequent group performance in a professional sports setting. *Journal of Psychology, 129*, 103-113.
Rosen, J. B. (2004). The Neurobiology of Conditioned and Unconditioned Fear: A Neurobehavioral System Analysis of the Amygdala. *Behavioral and Cognitive Neuroscience Review, 3*, 23-41.
Sapolsky, R. M. (1998). *Why Zebras Don't Get Ulcers*. New York : Freeman.
Schere, K. R., and H. G. Wallbott. (1994). Evidence for universality and cultural variation of differential emotion response patterning. *Journal of Personality and Social Psychology, 66(2)*, 310-328.
Schmidt, R. A., and C. A. Wrisberg. (2000). *Motor learning and performance*, Champaign: Human Kinetics.
Seltzer, Z., T. Wu, M. B. Max, and S. R. Diehl. (2001). Mapping a gene for neuropathic pain-related behavior following peripheral neurectomy in the mouse. *Pain, 93*, 101-106.
Shatz, C. L. (1992). Dividing up the neocortex. Science, 258, 237-238.
Shurick, A. A., et al. (2012). Durable Effects of Cognitive Restructuring on Conditioned Fear. *Emotion, 12*, 1393-1397.
Silvers, J. A., et al. (2014). Bad and Worse: Neural Systems Underlying Reappraisal of

High-and Low-Intensity Negative Emotions. *Social Cognitive and Affective Neuroscience, 10,* 172-179.

Sotres-Bryon, F., D. E. Bush, and J. E. LeDoux. (2004). Emotional Perseveration: An Update on Prefrontal-Amygdala Interactions in Fear Extinction. *Learning & Memory, 11,* 525-535.

Sotres-Bryon, F., C. K. Cain, and J. E. LeDoux. (2006). Brain Mechanisms of Rear Extinction: Historical Perspectives on the Contribution of Prefrontal Cortex. *Biological Psychiatry, 60,* 329-336. *Anxiety and Behavior, ed. C. D. Spielberger.* New York: Academic Press.

Spreemann, J. (1983). *The influence of model gender, model perceived ability and subject perceived ability on muscular endurance and self-efficacy.* Unpublished master's thesis. Michigan State University, East Lansing.

Streeter, C. C., et al. (2012). Effects of Yoga on the Autonomic Nervous System, Gamma-Aminobutyric acid, and Allostasis in Epilepsy, Depression, and Post-traumatic Stress Disorder. *Medical Hypotheses, 78,* 571-579.

Suddendorf, T., and M. C. Corballis. (2010). Behavioural Evidence for Mental Time Travel in Nonhuman Animals. *Behavioural Brain Research, 215,* 292-298.

Suinn, R. M. (1976). *Visual motor behavior rehearsal for adaptive behavior.* New York: Holt.

Suinn, R. M. (1980). *Psychology in sports: Methods and applications.* Burgess Publishing Company.

Taylor, J., and G. S. Wilson. (2005). *Applying sport psychology.* Human Kinetics.

Terr, L. C. (1991). Childhood Trauma: An Outline and Overview. *American Journal of Psychiatry, 148,* 10-20.

Thomas, G., K. Dacher, C. Serena, and E. N. Richard. (2013). *Social Psycholgy.* NY: W. W. Norton & Company.

Tolman, E. C. (1932). *Purposive Behavior in Animals and Men.* New York: Century.

Tulving, E. (1972). *Episodic and Semantic Memory.* In: Organization of Memory, eds. E. Tulving, and E. Donaldson. New York: Academic Press.

Tulving, E. (1983). *Elements of Episodic Memory.* New York: Oxford.

Tulving, E. (2002). Episodic Memory: From Mind to Brain. *Annual Review of Psychology, 53,* 1-25.

Tulving, E. (2005). *Episodic Memory and Autonoesis: Uniquely Human?* In: The Missing Link in Cognition, eds. H. S. Terrace, and J. Metcalfe. New York: Oxford University Press.

Urfy, M. Z., and J. I. Suarez. (2014). Breathing and the Nervous System. *Handbook of Clinical Neurology, 119,* 241-250.

Vealey, R. S. (1986). Conceptualization of sport-confidence and competitive orientation: Preliminary investigation and instrument development. *Journal of Sport Psychology, 8*, 221-246.

Vealey, R. S. (1986). Sport-confidence and competitive orientation: An addendum on scoring procedure and gender differences. *Journal of Sport Psychology, 10*, 471-478.

Vealey, R. S. (2005). *Coaching for the Inner Edge*. Champaign: Fitness Information Technology.

Vealey, R. S., and S. M. Walter. (1993). *Imagery training for performance enhancement and personal development*. In: Applied sport psychology: Personal growth to peak performance, ed. J. M. Willinams. Ca: Mayfield.

Vogeley, K., P. Bussfeld, A. Newen, et al. (2001). Mind reading: Neural mechanisms of theory of mind and self-perspective. *NeuroImage, 14*, 170-181.

Vuilleumier, P., J. L. Armony, J. Driver, and R. J. Dolan. (2001). Effects of attention and emotion on face processing in the human brain: an event-related fMRI study. *Neuron, 30(3)*, 829-841.

Vuilleumier, P., et al. (2002). Neural Response to Emotional Faces with and without Awareness: Event-Related fMRI in a Parietal Patient with Visual Extinction and Spatial Neglect. *Neuropsychologia, 40*, 2156-2166.

Webster, N. (1979). *Webster's New Twentieth Century Dictionary of English Language Unabridged*. New York: Simon and Shuster.

Wegner, D. M. (1994). Ironic processes of mental control. *Psychological Review, 101*, 34-52.

Wegner, D. M., R. Erber, and S. Zanakos. (1993). Ironic processes in mental control of mood and mood-related thought. *Journal of Personality and Social Psychology, 65*, 1093-1104.

Weinberg, R. S., and D. Gould. (1995). Foundation of sport and exercise psychological skills training. *The sport psychologist, 2*, 318-336.

Weinberg, R. S., and D. Gould. (2002). *Foundations of Sport and Exercise Psychology*. New York: Human Kinetics.

Weinberg, R. S., and V. U. Hunt. (1976). The interrelationships between anxiety, motor performance and electromyography. *Journal of Motor Behavior, 9*, 219-224.

Whalen, P. J., et al. (1998). Masked Presentations of Emotional Facial Expressions Modulate Amygdala Activity without Explicit Knowledge. *Journal of Neuroscience, 18*, 411-418.

Wickens, C. D. (1984). *Engineering psychology and human performance*. Columbus, Ohio: Bell & Howell.

Williams, A. M., and K. David. (1998). Visual search strategy, selective attention, and expertise in soccer. *Research Quarterly for Exercise and Sport, 69*, 111-128.

Wolpe, J. (1969). *The Practice of Behavior Therapy*. New York: Pergamon Press.

Worden, J. W. (1991). *Grief Counseling and Grief Therapy: A Handbook for the Mental Health Practitioner*. New York: Springer.

Yerkes, R. M., and J. D. Dobson. (1908). The Relation of Strength of Stimulus to Rapidity of Habit-Formation. *Journal of Comparative Neurology and Psychology, 18*, 458-482.

Zeidan, F., et al. (2014). Neural Correlates of Mindfulness Meditation-Related Anxiety Relief. *Social Cognitive and Affective Neuroscience, 9*, 751-759.

Zeidner, M., and O. Matthews. (2011). *Anxiety 101*. New York: Springer.

골프, 멘탈로 승부한다

불안, 신경과학, 루틴

발행일   2019년 9월 1일

지은이   유충경
펴낸이   곽혜란
편집장   김명희

도서출판 필미디어

주소   06148 서울시 강남구 테헤란로 51길 23 금영빌딩 5층
전화   02)420-6791~2
팩스   02)420-6795

출판등록   2008년 2월 11일 제 25100-2008-16호

ISBN   978-89-966357-9-6   13180
정가   20,000원

* 이 책의 저작권은 저자와 필미디어에 있으며 이 책의 전부 또는 일부를 이용하시려면 저작권자의 서면동의를 받아야 합니다.

* 이 책은 국립중앙도서관, 국회도서관 홈페이지에서 검색 가능합니다.

* 필미디어, 문학바탕은 (주)미디어바탕의 출판브랜드입니다.

이 도서의 국립중앙도서관 출판예정도서목록(CIP)은 서지정보유통지원시스템 홈페이지(http://seoji.nl.go.kr)와 국가자료종합목록 구축시스템(http://kolis-net.nl.go.kr)에서 이용하실 수 있습니다. (CIP제어번호 : CIP2019032592)